W0465435

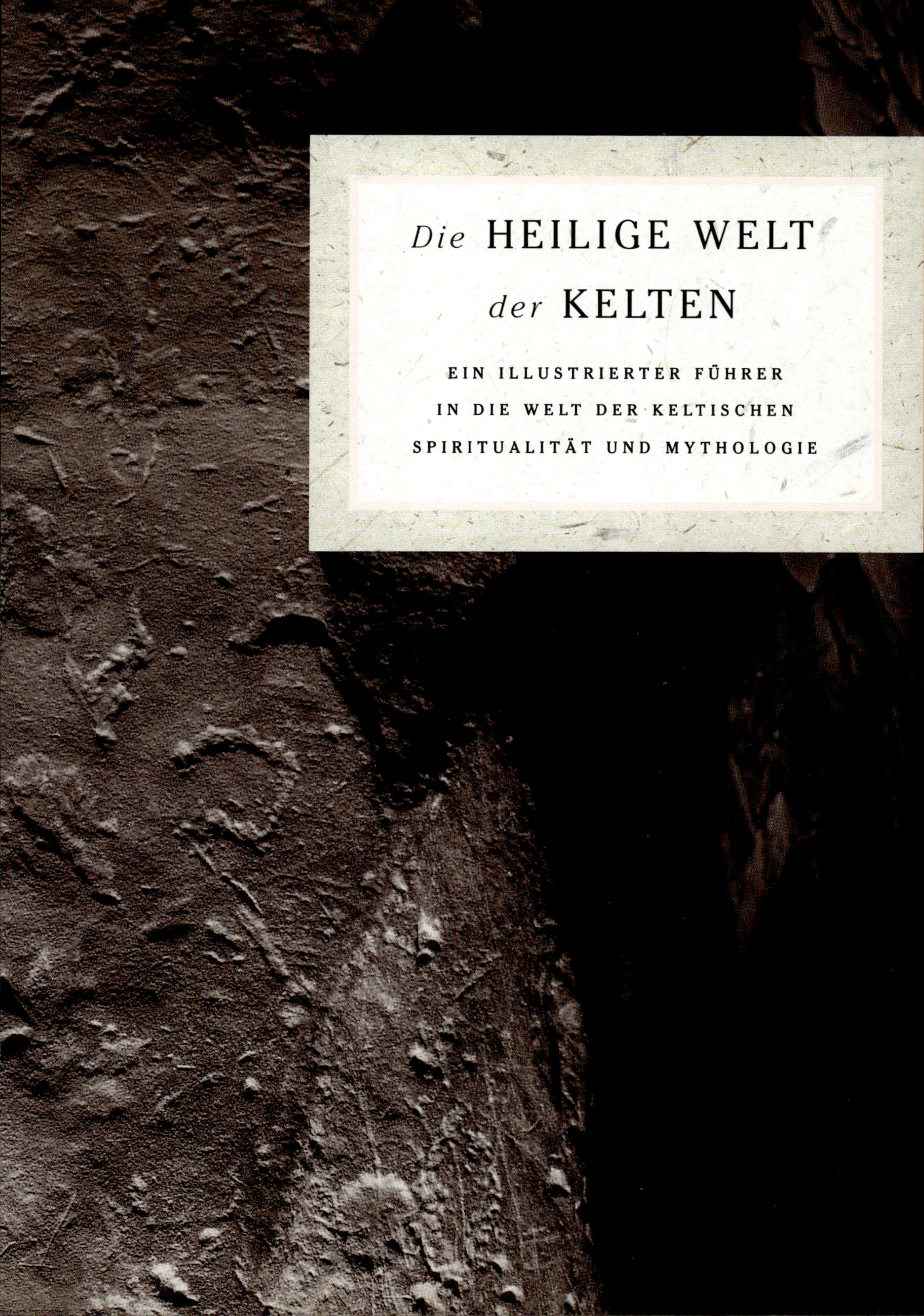

Die HEILIGE WELT *der* KELTEN

EIN ILLUSTRIERTER FÜHRER IN DIE WELT DER KELTISCHEN SPIRITUALITÄT UND MYTHOLOGIE

Das Gemälde »Riders of the Sidhe« von John Duncan stellt Wesen aus dem Jenseits der irischen Mythologie dar.

Die HEILIGE WELT *der* KELTEN

EIN ILLUSTRIERTER FÜHRER IN DIE WELT DER KELTISCHEN SPIRITUALITÄT UND MYTHOLOGIE

NIGEL PENNICK

NEUE ERDE

Die Originalausgabe erschien 1997
bei Thorsons, Imprint bei HarperCollins Publishers
unter dem Titel:
THE SACRED WORLD OF THE CELTS
Copyright © 1997 Godsfield Press
Text © 1997 Nigel Pennick

Für die deutsche Ausgabe
© Neue Erde GmbH, 2001
Übersetzung:
Christiane Schöniger

Design und Produktion:
THE BRIDGEWATER BOOK COMPANY LTD

Satz:
DRAGON DESIGN, GB

Bildredaktion:
Vanessa Fletcher

ISBN 3-89060-457-9

Printed in Singapore

Alle Rechte vorbehalten.
Kein Teil des Buches darf in irgendeiner Weise ohne die ausdrückliche schriftliche Genehmigung des Rechteinhabers reproduziert werden.

NEUE ERDE Verlag GmbH
Rotenbergstr. 33 · 66111 Saarbrücken
info@neueerde.de · www.neueerde.de

UMSCHLAGFOTOS
VORNE: Die Ruine eines frühchristlichen Heiligtums auf der Insel Lewis (Images)
HINTEN (oben): *Der kopflose Grüne Ritter in Arturs Halle* (The Bridgeman Art Library/British Library);
(unten): Stonhenge bei Sonnenaufgang zur Wintersonnenwende (Fortean Picture Library/Terence Maeden)

Ein Bleiglasfenster in Harden Grange, Yorkshire, entworfen von Val Prinsep. Tristan und Isolde empfangen den Segen von Isoldes Vater.

INHALT

EINFÜHRUNG

DIE KELTISCHE KULTUR

»Die drei grundlegenden Bestrebungen eines Barden:
Eine ist Lernen und Wissen sammeln.
Die zweite ist Lehren.
Und die dritte ist Frieden zu bringen und
Ungerechtigkeit aus der Welt zu schaffen;
denn das Zuwiderhandeln gegen diese drei
ist für einen Barden
weder üblich noch schicklich.«

DIE TRIADEN VON BRITANNIEN

AUCH IN UNSERER HEUTIGEN multikulturellen Welt sind sämtliche Aspekte keltischer Kultur noch erkennbar. Jeder, dessen Familie in Mittel-, West- oder Nordwesteuropa wurzelt, hat eine gewisse Verbindung mit den Kelten. Die keltische Kultur ist uralt. Sie läßt sich mehr als 2700 Jahre zurückverfolgen und ist immer noch lebendig, durch keltische Kunst, keltische Musik, keltische Dichtung und keltische Spiritualität, denn die Zivilisation der Kelten hat die Jahrhunderte ohne Unterbrechung überdauert. In der ältesten Literatur Nordeuropas, die in walisischer und irischer Sprache niedergeschrieben wurde, kann man diese ungebrochene Tradition nachvollziehen. Die frühesten walisischen und irischen Schriften bewahren die alte keltische Weltsicht mit ihrer Naturverehrung und Poesie, in der die geistige und die materielle Welt sich begegnen und einander bereichern. Auch gibt es eine reichhaltige mündliche Überlieferung von Geschichten und Liedern, die heute noch erzählt werden.

Tradition und Glauben der Kelten sind im Verlauf der Geschichte nicht gleich geblieben, sondern haben sich mit der Zeit entwickelt und angepaßt. Der Glaube der frühen Kelten wurde von den Druiden übernommen und reformiert, die wiederum unter dem Einfluß der römischen Religion standen. Das Christentum transformierte mit der Zeit den alten Glauben in die keltischen Kirche, was kein Bruch der Tradition war, sondern vielmehr eine Fortsetzung der Essenz in neuer Form. Die keltische Kirche wurde schließlich vom Katholizismus absorbiert, dennoch wächst der Einfluß der keltischen Traditionen seit dem 19. Jahrhundert beständig an.

Das Gemälde aus der Romantik des 19. Jahrhunderts zeigt Stonehenge in Wiltshire, England, eines der geheimnisvollsten und beeindruckendsten Megalithbauten der keltischen Länder.

Trotz der wechselnden historischen Perspektiven hat das Wesentliche, das unverkennbar Keltische, mehr als 2700 Jahre überdauert. Man nimmt an, daß der Ursprung der Völker, die wir als Kelten kennen, östlich des Rheins liegt, in einem Gebiet, das heute Süddeutschland, Österreich, die Slowakei, Tschechien und Ungarn umfaßt. Vor etwa 3400 Jahren breiteten sich diese vorkeltischen Völker über den Kontinent aus und besiedelten schließlich eine großen Teil des mittleren, westlichen und nordwestlichen Europas. Während des klassischen Altertums in Griechenland und Rom beherrschte die keltische Kultur die Gebiete nördlich der Alpen. Schottland, Wales, Irland, Cornwall, Cumberland und die Bretagne haben heute noch im wesentlichen keltischen Charakter. Trotz des Wandels, den die Zeit mit sich bringt, hat der Einfluß der keltischen Tradition immer noch eine grundlegende Bedeutung.

Die keltische Kultur läßt sich nicht so leicht in Begriffe fassen, da sie seit mehr als 2700 Jahren in weiten Teilen Mittel- und Nordwesteuropas existiert. Wer für alles eine klare und eindeutige Definition braucht, wird es mit den Kelten nicht leicht haben. Grenzen sind in gewissem Maß willkürlich und hängen von der Betrachtungsweise des einzelnen ab, folglich gibt es unterschiedliche Definitionen für das, was eigentlich keltisch ist. Die Schriftsteller der Antike nannten die Stämme Nordwesteuropas *Keltoi* oder *Celtae*. Andere bezeichneten sie als *Galatae* oder *Gallier*. Alle bedeuteten wahrscheinlich »Krieger«. Manche versuchten, die Kelten durch eine ethnologische Zugehörigkeit zu bestimmen. Griechen und Römer beschrieben sie als große, muskulöse Menschen mit heller Haut, blauen Augen und blondem bis rötlichem Haar. Die alten Kelten waren jedoch keine genetische Gruppe, und auch die heutigen Kelten stimmen nicht mit den griechischen oder römischen Beschreibungen überein. Es gab viele Stämme, über die wir kaum mehr wissen als Namen und Lebensraum. Die alten Volksstämme Europas waren sehr unterschiedlich, sie hatten eigene Götter, Gesetze und Bräuche. Selbst die scheinbar strenge Trennung zwischen keltischen und germanischen Stämmen ist weniger zwingend als bisher gedacht. Die größten Stämme des germanischen Volkes, die Kimbern und die Teutonen, tragen keltische Namen, während die Briganten, die im ersten Jahrhundert vor Christus Britannien besetzten, eine Mischung keltischer und germanischer Volksgruppen waren.

Invasionen und Wanderungen haben den heutigen Kelten eine bunte Mischung von Vorfahren beschert. Manche glauben, Keltentum

Ein stehender Stein mit traditionellen keltischen Symbolen in Glencolumbkille, County Donegal, Irland.

könne durch die Sprache definiert werden. Aber viele große keltische Schriftsteller von Vergil bis Dylan Thomas haben in nicht-keltischen Sprachen geschrieben. Keltische Kunst und Musik ist zwar unverwechselbar, aber schwer zu fassen. Schon immer hat die keltische Kultur Einflüsse von außen aufgenommen, verwandelt und ihnen einen unverwechselbaren keltischen Anstrich verliehen. Die keltischen Länder und Gebiete, in denen zumindest bis vor kurzem noch keltische Sprachen vorherrschten, verbindet eine ähnliche Geschichte. Sie alle liegen am nordwestlichen Rand Europas, wo es ihnen die relative Entfernung von den Machtzentren der keltischen Kultur erlaubte, stark und eigenständig zu bleiben. Nur politisch und militärisch besaßen die keltischen Länder keine Stärke. Sie wurden von mächtigeren Nachbarn unterworfen, deren Herrscher häufig versuchten, die keltischen Sprachen zu unterdrücken. Diese Versuche schlugen zum größten Teil fehl, stattdessen entstand ein Gefühl der nationalen Solidarität, das sich auf die gemeinsame Sprache gründete. Die heutigen Massenmedien und die internationale Macht der englischen Sprache haben mehr Schaden angerichtet als die direkten Angriffe.

Der Hadrianswall, erbaut 122 n.Chr., zieht sich quer durch den ganzen Norden von England, eine dauerhafte Hinterlassenschaft der römischen Eindringlinge in der Welt der Kelten.

Obgleich die keltische Kultur immer an den Rand gedrängt wurde und auf politische Schwierigkeiten stieß, hat sie entscheidend zur Kultur Nordeuropas beigetragen. Die Bräuche der mittelalterlichen Ritter gehen auf König Artus und seine Zeit zurück, während die Legenden um den heiligen Gral die christliche Andacht inspiriert haben. Unzählige Erfindungen haben die Kelten gemacht, vom Kettenhemd in vor-römischer Zeit bis zur Dampflokomotive im 19. Jahrhundert. Auch die keltische Spiritualität hat ihre eigene Ausprägung in der nordischen Tradition und untermauert so das Besondere der keltischen Kultur und Weltsicht. Dieses Buch würdigt die lange Geschichte, die reiche Kunst und die kulturellen Traditionen der Kelten.

Der Ausschnitt des silbernen Gundestrup-Kessels zeigt das Bildnis eines Gottes, der zwei Gestalten in Händen hält.

Auf den Steinen von New Grange in Irland sind die typischen keltischen Spiralen und Rauten zu sehen. Man nimmt an, daß dieser Stein die Sonnenwende markieren sollte.

KAPITEL 1

EIN ABRISS DER KELTISCHEN GESCHICHTE

DER NAME »KELTE« stammt von den alten Griechen, die die barbarischen Völker Mitteleuropas Keltoi nannten. Die Kelten waren keine fest umrissene genetische »Rasse«, sondern eine große Gruppe, die durch Kultur und Sprache vereint wurde. Ihr Lebensraum wurde zu einem Schmelztiegel von »Stammesnationen«, der sich ständig veränderte. Zu keiner Zeit waren die Kelten ein »Königreich« mit einer einzigen Regierung.

Die Vorfahren der Kelten waren die Stämme der Urnenfeldkultur, die so genannt wurde, weil die Toten ebenerdig in Urnen bestattet wurden. Zwischen 1200 und 700 v. Chr. zogen diese Stämme aus ihrer osteuropäischen Heimat nach Westen, dorthin, wo heute Österreich, Deutschland, die Schweiz und Frankreich liegen. Hier entwickelte sich ihre Kultur zu einer ersten erkennbar keltischen Form. Die früheste Stufe ist die Hallstattkultur, benannt nach einem Ort im österreichischen Salzkammergut, wo Archäologen bedeutende Funde machten. In Hallstatt und an anderen Orten, deren Name das Wort »Hall« (Salz) enthält, wie Hallein, Halle oder Schwäbisch Hall, gelangten die Kelten zu einigem Wohlstand, der auf der Gewinnung von Salz und dem Handel damit beruhte. Erfinderische Schmiede machten sich die Eisenverarbeitung zu eigen und stellten bald das beste Metall Europas her, das sich außerhalb der keltischen Gebiete großer Nachfrage erfreute. Zwischen Kelten und Griechen entstand reger Handel, sowohl in ihrer jeweiligen Heimat als auch in den Kolonien, die im heutigen Südfrankreich lagen. Salz und Eisen bescherten der Hallstattkultur im 7. Jahrhundert v. Chr.

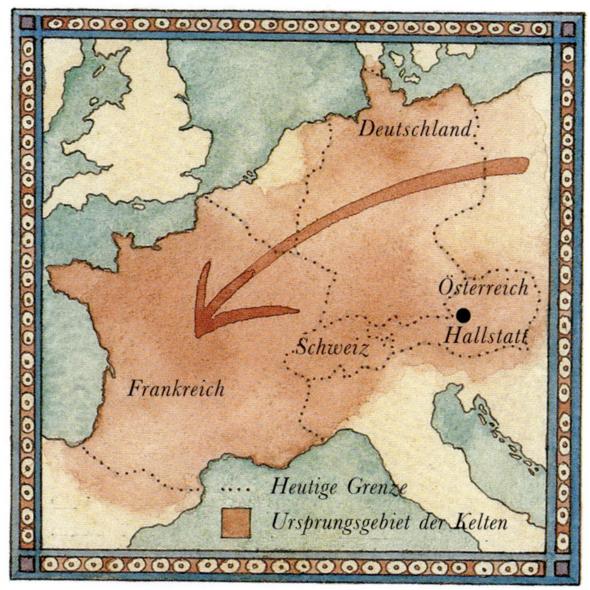

Die ersten Kelten siedelten in Mitteleuropa, nachdem ihre Vorfahren aus dem Osten eingewandert waren. Die keltische Kultur nahm ihren Ausgang in Hallstatt in Österreich.

blühenden Wohlstand. Um 650 v. Chr. begann eine Zeit der gegenseitigen Beutezüge zwischen Kelten, Griechen und Etruskern, deren Auswirkungen die keltische Kultur stark beeinflußten. Die Hallstattkultur nahm griechische und etruskische Elemente auf, und erst so entstand der charakteristische Stil der keltischen Kunst. In der folgenden Zeit setzte in Nordostfrankreich, in der Schweiz und am Mittelrhein eine neue Entwicklung ein.

Dieser Zeitraum wird von den Archäologen *La Tène-Zeit* genannt, nach bestimmten Fundstücken, die bei La Tène am Neuenburger See in der Schweiz entdeckt wurden. Zur Zeit des klassischen Altertums in Griechenland und Rom war nördlich der Alpen die keltische Kultur vorherrschend. Die Handwerker der La Tène-Zeit waren ihren Kollegen in Griechenland und Rom technisch weit überlegen. Durch ihre überragenden Waffen, die eine neue Art von Schwert, Kettenhemden und Streitwagen umfaßten, konnten die Kelten militärische Züge gegen benachbarte Stämme und Länder bis nach Griechenland und Rom unternehmen. Die keltischen Krieger hatten einen so guten Ruf, daß sie als Söldner sehr gefragt waren. Wie die Heldensagen des alten Irland berichten, stand die Kultur der Krieger im Mittelpunkt der keltischen Gesellschaft.

OPPIDA

Die Kelten der Frühzeit lebten in befestigten Siedlungen, die Oppida hießen. Das waren große geschützte Dörfer oder Städte, die von einer Schutzmauer umgeben waren, die »Gallischer Wall« (murus gallicus) genannt wurde. Dieses typisch keltische Bauwerk bestand aus einem Rahmen aus horizontalen Baumstämmen, der mit Steinen ausgefüllt und außen mit einer Trockenmauer versehen wurde. Im Innern standen die typischen derben Gebäude aus Baumstämmen, die bis zu 15 m lang waren, darüber hinaus gab es Lagerhäuser, Werkstätten und Tempel. Die Oppida waren Siedlungen der keltischen Frühzeit, und das Verbreitungsgebiet der Murus gallicus reichte nur bis Süddeutschland. Die Kunst, einen Standort zu bestimmen und ein Oppidum zu errichten, war die Grundlage des Burgenbaus mehr als ein Jahrtausend später.

DIE WANDERUNGEN DER KELTEN

Durch ihre Kriegszüge kamen viele keltische Volksstämme in ganz Europa herum. Von ihrer Heimat in Mitteleuropa aus verbreiteten sie sich bis Frankreich, auf die britischen Inseln, im Südwesten auf die iberische Halbinsel, im Süden nach Norditalien und östlich durch Mitteleuropa bis zum Balkan und Kleinasien. Die Stämme, die heute als keltisch angesehen werden, umfassen die Helvetier im Gebiet der heutigen Schweiz, die Boiaren im heutigen Italien, die Averner in Frankreich, die Skordisken im heutigen Serbien und die Belgier, die, unmittelbar bevor die Römer kamen, den Norden Galliens und den Süden Britanniens bewohnten.

Nach dem 1. Jahrhundert v. Chr. befanden sich die Kelten allerdings auf dem Rückzug. In Osteuropa wurden sie von slawischen Stämmen vertrieben und im Westen von der überlegenen römischen Macht

RECHTS: *Ein Manuskript aus dem Mittelalter illustriert die Legende des Grünen Ritters, der jeden Ritter König Artus' herausforderte, ihn mit seiner Axt zu köpfen.*

BRITISH MUSEUM

bezwungen. Die norditalienischen Kelten gerieten als erste unter römische Herrschaft. Dann wurden sie im übrigen Gallien (dem heutigen Frankreich), in der Schweiz, Süddeutschland und Österreich unterworfen.

UNTEN: *Beim Kampf gegen Mordred erhält König Artus eine tödliche Wunde – eine Darstellung aus einer mittelalterlichen illustrierten Handschrift. Die Legende berichtet, daß Artus auf die Insel Avalon gebracht wurde.*

Wahrscheinlich um der Unterdrückung durch die Römer zu entkommen, wanderten viele Belgier im 1. Jahrhundert v. Chr. aus dem heutigen Belgien nach Südbritannien aus. Im 1. Jahrhundert n. Chr. schließlich fiel fast ganz Britannien an die römischen Bezwinger. Im 3. Jahrhundert wurden die Kelten in Süddeutschland von einem Verbund germanischer Stämme unterworfen, der sich die Alemannen nannte. Seitdem sind viele Jahrhunderte ins Land gegangen mit weiteren Überfällen und Invasionen,

dennoch wurde die keltische Kultur nicht ausgelöscht und zweifellos wird sie auch das nächste Jahrtausend überstehen. Heute ist das Erbe der keltischen Kultur in Irland, Wales, Schottland, Cornwall, auf der Insel Man und in der Bretagne noch lebendig. Auch in den englischen und französischen Bräuchen und Traditionen hat sie ihre Spuren hinterlassen.

DIE ALTEN BRITEN

Die ersten Kelten sind wahrscheinlich im 7. Jahrhundert v. Chr. nach Britannien gekommen und haben allmählich die ursprünglichen Einwohner verdrängt. Zwischen 100 und 50 v. Chr. kam eine zweite Besiedlungswelle. Auch die Atrebaten und die Katuvellaunier, mächtige kontinentale Stämme, faßten in Britannien Fuß. In den Jahren 55 und 54 v. Chr. unternahmen die Römer unter Julius Caesar zwei Feldzüge nach Britannien. Obgleich einige Stämme auf Seiten der Römer standen, gelang es ihnen nicht, sich auf Dauer zu halten.

Im Jahr 43 n. Chr. brach Claudius zu einem neuen Eroberungszug auf, diesmal mit der festen Absicht, Britannien zu unterwerfen. Trotz der Hilfe freundlich gesonnener Stämme stießen die Römer auf erbitterten Widerstand, aber ihrer überlegenen Organisation und der hervorragenden Ausbildung der Soldaten waren die Kelten nicht gewachsen. Im Jahr 61 rebellierte der Stamm der Ikener unter Königin Boudicca. Nach anfänglichen Erfolgen wurde der Stamm schließlich besiegt und die Königin beging Selbstmord. 80.000 Kelten waren von den Römern getötet worden. Anglesey, die heilige Insel der Druiden, wurde geplündert. Das römische Heer marschierte nordwärts und erreichte 79 n. Chr. die Region, die heute Schottland heißt. Im Jahr 84 schlugen die Römer die Kaledonier bei Mons Graupius, 122 wurde der Hadrianswall gebaut, der sich von Küste zu Küste zog und die nördliche Begrenzung des Römischen Reiches bildete. Kaum zwanzig Jahre später wurde noch weiter nördlich der Antoniuswall angelegt. Er markierte die nördlichste Grenzlinie römischer Macht auf keltischem Territorium.

Bronzestatue des keltischen Schmiedegottes aus dem 2. - 3. Jahrhundert. Seit der römischen Invasion wurde er mit Vulkanos gleichgesetzt.

DER FALL BRITANNIENS

Von 43 bis 410 war Britannien Teil des Römischen Reiches, und in dieser Zeit veränderte sich die weltliche Kultur. Die keltischen

BOUDICCA

Boudicca, Königin des Stammes der Icener, führte nach dem Tod ihres Gemahls König Prasutagus einen Aufstand gegen die Römer an, als diese ihr Stammesgebiet (heute Norfolk und Suffolk) an sich rissen. Nach ihrer Niederlage vergiftete sie sich selbst.

Stämme im Norden des Walls wurde nie unterworfen und verblieben auf einer niedrigeren zivilisatorischen Stufe. Zwar fielen sie gelegentlich in das Römische Reich ein, waren aber keine echte Herausforderung für die römischen Verteidigungslinien. Der heftigste Angriff erfolgte im Jahr 367, als der keltische Stammesverband den Hadrianswall überquerte. Doch am Ende des 4. und zu Beginn des 5. Jahrhunderts gab es eine Reihe von Ereignissen, die den Untergang der römisch-britischen Zivilisation einläuteten.

RECHTS: *Ein französisches Manuskript von 1460 zeigt Gawain an der heiligen Quelle. Über Gawain, einen der Ritter der Tafelrunde, wird in der Legende vom Heiligen Gral berichtet.*

Auf dem europäischen Festland griffen barbarische Stämme vermehrt das Römische Reich an, was dazu führte, daß römische Streitkräfte aus Britannien abgezogen wurden. Der römische Statthalter in Britannien, Maximus Clemens, zog mit seinem Heer nach Paris, um gegen den regierenden Herrscher Gratian zu kämpfen. Im Jahr 388 wurde Clemens geschlagen und getötet, und so blieb Britannien fast ohne Verteidigung gegen Invasoren. Das Land wurde von allen Seiten angegriffen, von Iren, Pikten und Germanen. Endlich, nach elf Jahren Chaos, schuf General Stilicho Ordnung in Britannien. Die Situation auf dem Kontinent aber besserte sich nicht, als sich herausstellte, daß das römische Heer den mächtigen Goten nicht gewachsen war.

Im Jahr 401 wurde ein großer Teil des römisches Heeres abgezogen. Den Befehlshabern der verbleibenden Streitkräfte gelangen eine Reihe

militärischer Schläge. Der letzte abziehende General, Constantin III, führte 407 das restliche römische Heer über den Kanal, um einer geplanten Invasion germanischer Stämme Einhalt zu gebieten. Obgleich sie die Barbaren zurück-

Die *Gallic Chronicle* berichtet, daß Britannien im Jahr 410 von den mächtigen Sachsen angegriffen und verwüstet wurde. Immer stärker wurde der Druck, den einfallende Nachbarstämme auf die Briten ausübten. Die britannischen Herrscher schickten im Jahr 446 eine Nachricht an Konsul Aetius und baten um die Rückkehr der römische Streitmacht, um die Eindringlinge zu bekämpfen. »Aber dafür erhielten sie keinen Beistand.« Da von dieser Seite keine Hilfe zu erwarten war, schickte der britannische König Vortigern nach sächsischen Söldnern. Am Ende rebellierten die sächsischen und germanischen Söldner gegen ihre keltischen Brotgeber und beschlossen, die Herrschaft in Britannien zu übernehmen. Nur ein Britannier widerstand den Möchte-gern-Eroberern. Der Chronist Gildas berichtet, daß 497 Emrys Wledig, der auf Lateinisch Ambrosius Aurelianus hieß, die Sachsen nach erbitterter schlugen, schrieb der Chronist Procopius: »Constantin wurde auf dem Schlachtfeld besiegt. Aber die Römer konnten Britannien nicht mehr zurückgewinnen, das seitdem von Kriegsherren regiert wurde.«

KÖNIG ARTUS

Der Sieg König Artus' am Mount Badon schlug die germanische Invasoren für die Zeit einer Generation zurück. Die Briten verloren keine weiteren Gebiete außer der Isle of Wight an die Jüten. Anders als die übrigen keltischen Könige Britanniens, die gegen die Pikten, Schotten, Iren, Angeln und Sachsen kämpften, war Artus ein Muster an christlicher Tugend. Die christliche Religion schien die britischen Krieger in ihrem erbitterten Kampf gegen die Eindringlinge zu bestärken. Spätere Chronisten sahen diese Zeit der Waffenruhe als das goldene Zeitalter von Camelot und den Rittern der Tafelrunde.

Schlacht am Mount Badon schlug. Dennoch blieb Artus, und nicht Emrys Wledig, als der keltische Heerführer in Erinnerung, der den germanischen Siedlern auf ihrem Weg nach Westen Einhalt gebot.

DIE BRITISCHEN KELTEN NACH ARTUS

Nach Artus Sieg waren die Kelten in Britannien entzweit. In Strathclyde gab es Bürgerkrieg zwischen den britischen Gruppen. Die Bewohner von Strathclyde (Cumberland und Südwestschottland) waren reine Kelten, die ihren überlieferten Glauben und das alte Brauchtum wieder aufnahmen. Ihnen gegenüber stand eine Gruppierung christlicher Edelleute, die ihre Abstammung von den römischen Kolonisatoren herleiteten. Diese gegnerischen Parteien standen sich 573 in der Schlacht von Arderyd gegenüber, in der Nähe von Carlisle (Cumberland). Die christlich-römische Gruppierung trug den Sieg davon.

Vier Jahre später bezwangen die Sachsen aus Wessex die britischen Streitkräfte unter den Königen Ithail und Telpald in der Schlacht von Deorham. Sie brannten die Städte Bath und Gloucester nieder und besetzten das Land bis zum Fluß Severn auf der einen und bis zum Kanal von Bristol auf der anderen Seite. Damit gelang es den Sachsen, die von den Briten gehaltenen Territorien zu teilen. Die keltischen Gebiete in Wales, Lancashire und Cumberland waren von Dumnonia (Dorset, Devon und Cornwall) abgeschnitten. Der Vorstoß nach Westen dauerte bis zum Jahr 607 an, als ein Heer der Angeln unter König Aethelfrith die Kelten bei Chester besiegte und damit das britische Gebiet bis zur Irischen See ausdehnte. Das keltische Britannien war nun kein geeintes Land mehr.

Im Jahr 937 gründeten die britischen Kelten mit den Iren, Dänen und Norwegern eine militärische Gemeinschaft. Sie forderten König Athelstan zum Kampf heraus, nicht allein wegen seines Königreiches, sondern auch wegen der bloßen Anwesenheit der Engländer in Britannien. Die militärische Gemeinschaft stellte ein riesiges Heer auf die Beine, mutmaßlich 60.000 Soldaten.

Die Herolde der Gemeinschaft steckten das Schlachtfeld bei Brunanburgh ab. Sie markierten es in bardischer Tradition mit weißen Pfosten aus Haselholz. War ein Schlachtfeld auf diese Weise von den Herolden abgesteckt, mußte die herausgeforderte Partei innerhalb von zwei Wochen zum Kampf antreten, sonst waren Ehre und Königreich verloren. Obgleich Athelstans Heer zahlenmäßig unterlegen war, kämpften seine Krieger mit ungeheurem Mut und errangen einen überwältigenden Sieg.

Nach der Unterwerfung durch die Römer wurde das Christentum zur vorherrschenden Religion der Kelten, auch wenn der alte Glaube nie ganz ausstarb.

SCHOTTLAND

Die Geschichte der schottischen Kelten ist genau so vielschichtig wie die des restlichen Britanniens. Die ersten keltischen Bewohner des heutigen Schottland waren eine Reihe von Stämmen, die man ganz allgemein in britische Kelten und Pikten einteilen kann. Im Laufe der römischen Zeit kam ein Volk von Irland, das später als Schotten bekannt wurde, und ließ sich im dünn besiedelten Teil Nordbritanniens nieder. Der Überlieferung zufolge wurde Schottland um 500 n. Chr. gegründet. Angus, Fergus und Loarn, die drei Söhne des Erc, Sohn des Eochaidh, führten einen kleinen Haufen Auswanderer an. Sie stammten von der Sippe der Conaire, der königlichen Dynastie von Munster in Irland. Die drei Brüder und ihre 150 Gefolgsleute gründeten das Königreich Dalriada, benannt nach der irischen Region Dalriada, aus der sie kamen. Heute ist das ein Teil des County Antrim. Nördlich und östlich der schottischen Siedlungen lebten die Pikten, deren Gebiet sich im Norden bis zu den Orkneys und im Süden bis zu den britischen Ländern erstreckte.

Doch die Pikten fürchteten noch andere Bedrohungen als die Schotten. Die Angeln aus Northumbria griffen die Pikten an. Das endete mit einer Niederlage König Egfriths und des northumbrischen Heeres durch die Pikten unter König Brude Mac Maelchon in der Schlacht

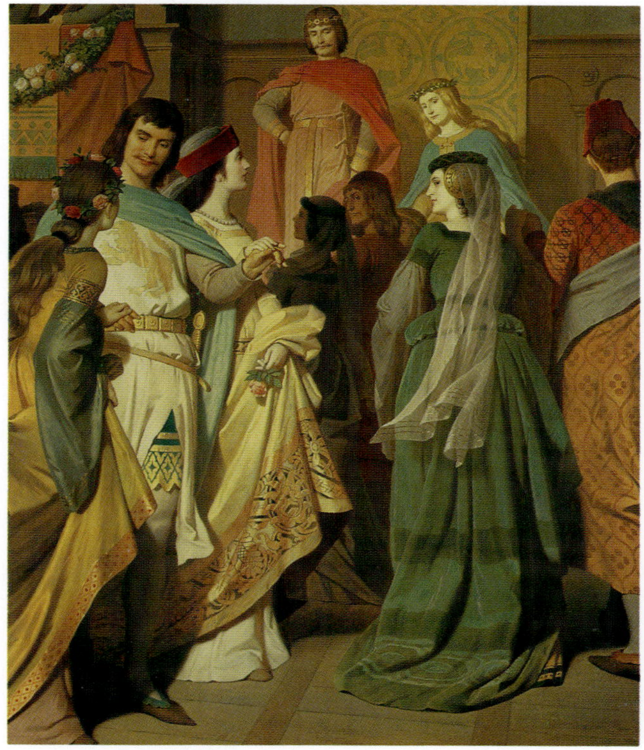

RECHTS: *Diese idealisierte Darstellung des Hofes von König Artus von Ferdinand Piloty aus dem 19. Jahrhundert ist, was die Gewänder betrifft, natürlich völlig abwegig.*

ATHELSTAN, KÖNIG VON GANZ BRITANNIEN

Im Jahr 930 schrieb ein britischer Barde eine Prophezeiung mit dem Namen Armes Prydein *nieder. Er sah voraus, daß die Engländer bald aus Britannien vertrieben würden. Unter dem heiligen Banner von St. David würden die Kelten die Herrschaft König Athelstans zu Fall bringen. Diese Prophezeiung gab den Anstoß zu dem Versuch, die angelsächsische Macht zu brechen. Allerdings erwies sich die Prophezeiung als falsch, und es waren die Kelten, deren Macht gebrochen wurde, und Athelstan erhielt den eindrucksvollen, wenn auch nicht ganz richtigen Titel Rex Totius Britanniae, König von ganz Britannien.*

GÄLISCH

Im ehemaligen Land der Pikten wurde die piktische Sprache allmählich von der gälischen abgelöst und ausgelöscht, und die Pikten wurden der neuen schottischen Nation einverleibt. Bis zum 10. Jahrhundert hatten Schotten und Iren dieselbe gälische Sprache, die sich dann aber in die beiden unterschiedlichen Sprachen aufteilte, die heute noch bestehen.

von Nechtansmere im Jahr 685. Anfang des 8. Jahrhunderts wurden die Pikten, die ihre eigene Sprache und Kunst hatten, unter König Nechtan Mac Derile zum Christentum bekehrt. Zwischen Pikten und Schotten gab es viele Auseinandersetzungen, die schließlich mit einem Sieg der Schotten zu Ende gingen. Um 850 wurde das Reich der Pikten mit dem Reich der Schotten unter König Kenneth Mac Alpin vereint.

Zu Beginn des 9. Jahrhunderts griffen skandinavische Wikinger Schottland an. Sie plünderten das Kloster von Iona und drangen auf das Festland vor. Schließlich wurden die Inseln im Westen und im Norden von norwegischen Siedlern kolonisiert und politisch mit der norwegisch regierten Isle of Man als Königreich der Inseln vereint. Galloway auf dem schottischen Festland wurde von den Gallghaidealern besiedelt, einem Volk irisch-norwegischer Herkunft, in Caithness gab es norwegische und um Solway Firth dänische Kolonien. Das schottische Tiefland geriet zunehmend unter englischen, später normannischen Einfluß. König Alexan-

der III, der 1286 starb, war der letzte schottische Monarch keltischer Abstammung. 1603 wurden die Kronen von Schottland und England vereint und der schottische König James VI. wurde König James I. der neuen Union. Nicht Edinburgh, sondern London wurde die neue Hauptstadt des Vereinten Königreichs.

LINKS: The Taking of Excalibur *von John Duncan stellt die »Lady of the Lake« dar, die König Artus das magische Schwert zeigt als ein Zeichen, daß er der rechtmäßige König von England ist.*

Schottland und England wurden 1707 durch einen parlamentarischen Akt geeint. 1715 und 1745 erhoben sich viele Clans aus den Highlands und unterstützten die jakobinischen Aufrührer gegen die britische Krone. Sie trugen keinen Erfolg davon und zahlten einen hohen Preis für ihren Aufstand.

WALES

Das Land, das heute Cymru (Cambria oder Wales auf englisch) heißt, trat in Erscheinung, als die Angelsachsen die Küste der Irischen See erreichten, nachdem sie 607 die Schlacht von Chester für sich entschieden hatten. Seitdem war das Territorium der Briten in drei Teile aufgespalten. Im Norden lag Cumberland, das Land der *Gwyr y Gogledd* (Männer des Nordens), das später von den Norwegern besetzt wurde. Im 13. Jahrhundert schließlich starb die cumbrische Sprache aus. Im Süden wurden die Briten aus Somerset und Dorset nach Dumnonia, dem heutigen Cornwall und Devon, vertrieben. Am Ende blieb nur Cornwall als unabhängiges keltisches Königreich bestehen. Doch auch Cornwall erlag der englischen Expansion und wurde im 10. Jahrhundert von König Athelstan erobert. Bis zum 18. Jahrhundert jedoch blieb Cornisch Alltagssprache. Anders als Cumbrisch und Cornisch ist das Walisische heute noch eine lebendige keltische Sprache.

Die Briten der mittleren Gebiete jedoch waren nicht so leicht unterzukriegen. Wales wurde in mehrere Königreiche aufgeteilt. Gwynedd, Powys, Dyfed und Glywysing, das bereits im 6. Jahrhundert bestand, waren die mächtigsten. In Dyfed gab es damals irische Siedlungen, und eine Zeit lang stellten die Iren den Herrscher des Königreiches, während die Könige von Brycheiniog irisch-walisische Vorfahren hatten. In den Jahren 705 und 709 griffen nordwalisische Streitkräfte Mercia an, das mittelenglische Königreich, das unmittelbar an Wales angrenzte. Als Antwort bauten die Mercier einen geraden Erdwall, den Wat's Dyke, der von der Mündung des Dee bis zum Fluß Morda in der Nähe von Oswestry reichte. Der mächtige mercische König Offa zog später, in den Jahren von 784 bis 796, eine Grenzlinie zwischen den Engländern und den Walisern und errichtete fast entlang der ganzen Grenze einen noch größeren Wall und Graben, den Offa's Dyke.

Die ständige Bedrohung von England begünstigte die Vereinigung der walisischen Reiche, und kleinere Königreiche wie Gwent und Ergyng wurden schon früh geschluckt. Nach dem Tod König Cyngens von Powys im Jahr 854 wurde sein Königreich mit Gwynedd vereint. Das neue Reich umfaßte das ganze Gebiet des heutigen Nordwales. Mitte des 9. Jahrhunderts taten sich die mächtigen englische Reiche Mercia und Wessex zusammen und unternahmen einen gemeinsamen Angriff auf Wales, der von den Königreichen des Südens unterstützt wurde. Rhodri Mawr, der König von Gwynedd, leistete erfolgreich Widerstand. Nach Hywels Tod jedoch spalteten sich die Waliser in den proenglischen Süden und den unabhängigen Norden. Hywel Dda, Rhodris Enkel, vereinte Nord und Süd, indem er die Tochter des Königs von Dyfed zur Frau nahm. Er erkannte Athelstan als König von ganz Britannien an, und nach Hywels Tod bestanden zwischen Engländern und Walisern keine nationalen Konflikte mehr.

Nachdem die Normannen England erobert hatten, wandten sie Ihre Aufmerksamkeit Wales zu. Hugh, Earl von Chester, marschierte 1079 in Wales ein. König Henry II. unterwarf 1157 den Süden von Wales. In den Jahren 1114, 1211 und 1245 gab es beachtliche, aber erfolglose Aufstände, und noch einmal zwischen 1257 und 1282 durch Llewlyn ap Gruffudd. Dann verhängte König Edward I. englisches Recht über ganz Wales. Zwischen 1400 und 1415 kämpfte Owain Glendwr für die Unabhängigkeit, aber auch er mußte eine Niederlage einstecken. Der walisische Lord Henry Tudor übernahm 1485 die Macht in England als König Heinrich VII., nachdem er Richard III. in einer Schlacht besiegt hatte. 1536 wurde Wales durch Parlamentsbeschluß mit England vereint.

BRETAGNE

Das alte Land Amorica, das heute Breizh oder Bretagne heißt, wurde von fünf keltischen Stämmen besiedelt. Das Gebiet wurde 56 v. Chr. von Julius Cäsar nach einer grimmigen Seeschlacht unterworfen. Die keltische Kultur in Amorica wurde zerschlagen, und viele Kelten nahmen römische Sitten an. In den Jahren 408, 415 bis 420 und 446 gab es Rebellionen, die aber niedergeschlagen wurden. Ein Aufstand im Jahr 447 hatte mehr Erfolg. 453 dienten amoricanische Einheiten in dem Heer, das Attila, den Hunnen, in der Schlacht bei Chalons schlug.

Zu dieser Zeit begann eine wachsende Anzahl britischer Flüchtlinge, sich in Amorica niederzulassen. Ethnisch blieben die Städte amoricanisch, das heißt gallo-römisch, während das Hinterland britisch wurde. Das Land wurde nicht mehr

Zwischen 784 und 796 ließ der mercische König Offa einen Wall als Grenze zwischen Wales und England anlegen. Große Teile davon sind heute noch zu sehen.

Amorica, sondern Kleinbritannien genannt, um es von Großbritannien zu unterscheiden. Allmählich vermischten sich die amoricanischen Städter mit den britischen Einwanderern, und so entstand die bretonische Identität.

Die Barbaren eroberten Gallien, und fortan betrachteten die fränkischen Könige die bretonischen Monarchen als Schützlinge. 507 nahmen die Franken Nantes ein, doch die Bretagne blieb unabhängig. Nach dem Tod des fränkischen Königs Clovis im Jahr 511, erkannten die Bretonen die fränkische Oberherrschaft an. 841 revoltierte Nomeno und erlangte die Unabhängigkeit wieder. 912 wurde die Bretagne von den Nordmännern erobert und allmählich von Frankreich übernommen.

IRLAND

Wahrscheinlich kamen die ersten Kelten um das Jahr 300 v. Chr. nach Irland. Die alten irischen Sagas erzählen von dieser Ära, in der es eine Gesellschaft unabhängiger Krieger gab, die durch das Land zogen, Vieh stahlen und sich gegenseitig ausplünderten. Diese Kriegerelite lebte in befestigten Siedlungen. Auch legten sie künstliche Inseln an, auf denen sie lebten. Im Lauf der Zeit übernahmen die regionalen Könige eine Art Schutzherrschaft über die regionalen Sippen und Stammesoberhäupter. Die regionalen Könige wiederum unterstanden dem Ard Righ, dem Hochkönig von Irland. Theoretisch wenigstens war der Hochkönig der oberste Herrscher von Irland und der Stellvertreter Gottes auf Erden.

Im 5. Jahrhundert brachte St. Patrick eine neue Religion. Er bekehrte den Hochkönig und somit symbolisch das ganze Land zum Christentum. 795 griffen die Wikinger Irland an. Allmählich wuchsen sich diese norwegischen und dänischen Überfälle zu einer regelrechten Einwanderung aus. 841 gründeten die Wikinger eine Siedlung bei Dublin, später Limerick, Waterford und Wexford. Kurz vor dem Jahr 1000 wurde die Dynastie der Uí Néill, die 500 Jahre lang den Hochkönig gestellt hatten, von den Munster O'Briens gestürzt. 1014 besiegte Brian Boru, der König der O'Briens, die Nordmänner in der Schlacht von Clontarf. Die Dynastie der O'Briens war von inneren Kämpfen zerrissen, und schließlich ging aus ihnen der letzte Hochkönig, Rory O'Connor, hervor. In seiner Regierungszeit fielen die Normannen in Irland ein und brachten es unter die Herrschaft der Krone von England (1169).

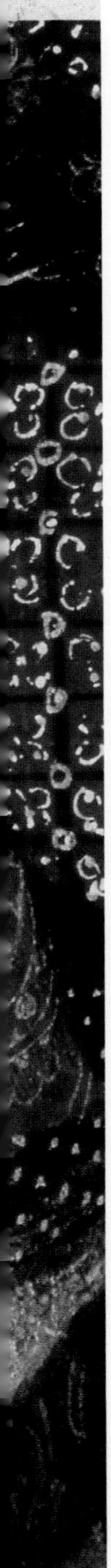

KAPITEL 2

LEBENSART UND GESELLSCHAFT

DIE KELTEN HATTEN zwar keine Kastengesellschaft im eigentlichen Sinn, jedoch ein genau festgelegtes Klassensystem. An erster Stelle standen die Edelleute. Zu manchen Zeiten der keltischen Geschichte war das Oberhaupt König. Meist war der König das Oberhaupt eines Stammes, später jedoch bildeten sich Nationen aus mehreren Stämmen unter königlicher Herrschaft. In seiner vornehmsten Form wurde das Königtum als göttlich angesehen – Herrscher waren Menschen, durch die die Götter sprachen. Die Königswürde war nicht unbedingt erblich, denn der König konnte seinen Nachfolger bestimmen. Das Gesetz der Pikten schrieb die königliche Nachfolge mutterrechtlich vor, auch wenn der Monarch unabdingbar männlichen Geschlechts sein mußte. Häufig war der Vater des Kindes ein Fremder. Aber es gab auch Königinnen, die eigenständig regierten. Unter ihnen war die legendäre irische Kriegskönigin Maeve und die britische Boudicca, die im Jahr 61 den Aufstand der Icener gegen die Römer führte.

LINKS: *Lancelot umwirbt die schöne Guinevere, die Gemahlin des König Artus. Viele Legenden ranken sich um die beiden Liebenden. Aus einem französischen Manuskript des 15. Jahrhunderts.*

Aber die Königsherrschaft war nicht die einzige Form des Regierens. Bevor die Römer Gallien eroberten, schafften einige Stämme das Königtum ab, unter anderem die Aedui, Lexovii, Lemovices, Santones, Remi und Treviri. Stattdessen wählten die Edelleute einen Friedensrichter, den *Vergobret*, der dem Stamm vorstand. Die wahre Macht lag in den Händen des Adels, dessen Titel vererbt wurden. Edle Geschlechter bestanden aus Männern von ehrbarer Herkunft, die sich mit anderen Familien durch Heirat verbanden. Ihnen gehörte das Land, sie stellten die militärischen Führer und die Druiden. Diese Klasse, die *Cenedl*, regierten Wales, bis die Normannen kamen.

Dennoch besaß die keltische Gesellschaft kein rigides Klassensystem, das Zugehörigkeit durch Geburt festlegte. Die Bürger ohne Landbesitz hatten die Möglichkeit, durch Handel oder Krieg ihr Glück zu machen und so persönlich aufzusteigen. Wer aus den unteren Schichten herstammte und den harten Zeiten zum Opfer gefallen war, wurde zum Schutzbefohlenen eines Edelmannes, dem er sich zu Diensten verpflichtete. Aber dieser Dienst war keine Sklaverei, denn der Bürgerliche gab seine Rechte nicht auf. Cäsar schrieb, dieses System gewährleiste, daß die gemeinen Bürger vor den Mächtigen sicher waren. Jeder Edelmann mußte garantieren, daß seinen Schutzbefohlenen nichts zustieß. Andernfalls verlor er das Gesicht und sank im Ansehen. Dieses System war eine Form der sozialen Absicherung mit beiderseitigen Verpflichtungen.

Der Edle unterstützte den Untergebenen mit Geschenken, die wiederum mit treuem Dienst vergolten wurden. Anders als in Gesellschaften, wo Sklaverei vererbt wurde und über Generationen hinweg keine Aussicht auf Freiheit bestand, waren die Sklaven der Kelten fremde Gefangene ohne bürgerliche Rechte. Sie konnten jederzeit von einem Edelmann befreit werden, dessen Schützlinge sie dann wurden.

Sklaven durften in Kriegszeiten nicht kämpfen. Auch von den freien Männern hatten nicht alle das Recht, Waffen zu tragen, manche durften nur kämpfen, wenn ihr Leben bedroht war. In Gallien konnte man nur in den Krieg ziehen, wenn Bürger und Priester ihre Zustimmung gaben, nachdem sie glückverheißende Omen erhalten hatten. Zwar gab es immer einen verantwortlichen Anführer, dennoch wurden Kriegszüge von einem Rat angeführt, dem Armed Council, der endgültig über strategische Belange entschied. Während des Gallischen Krieges, aus dem Cäsar als Sieger hervorging, mußte der gallische Heerführer Vercingetorix mehrmals dem Armed Council Bericht erstatten.

Harfe spielende Barden unterhielten und informierten ihre Zuhörer mit Geschichten und Liedern, denn eine schriftliche Überlieferung gab es nicht.

DIE BARDISCHE TRADITION

Der römische Schriftsteller Strabo schrieb, daß es bei den Galliern drei Gruppen von Männern gab, die hoch geachtet wurden. Das waren Barden, Vaten und Druiden. Barden waren Musiker, Sänger und Dichter, Vaten waren Wahrsager und Naturphilosophen. Die alte keltische Religion, die jeden Aspekt des alltäglichen Lebens durchdrang, verehrte die Natur und war polytheistisch. Sie kannte viele Formen von übernatürlichen Wesen und Gottheiten, weibliche und männliche. Die Kelten glaubten, der Lauf der Natur folge dem Willen der Götter. Darum verehrten sie lokale und allgemeine Gottheiten meistens in natürlichen Heiligtümern oder besonderen Schreinen an Quellen, Flüssen, Seen und im Wald. Barden, Vaten und Druiden hatten eine ganzheitliche Beziehung zur Natur. Sie besaßen einen riesigen Vorrat traditioneller Überlieferungen über die Natur, den Lauf der Jahreszeiten, Astronomie, Leben und Tod und Transformation. Auch heute noch ist viel von den alten Kenntnissen und dem Wissen bekannt und liegt der zeitgenössischen keltischen Spiritualität zugrunde, die eine Synthese aus Vergangenheit und Gegenwart bildet, was das Wesentliche für eine dauerhafte, lebendige Tradition ist.

DIE BARDEN

Die Barden kannten ihre Lieder und Gedichte auswendig, denn nichts wurde schriftlich festgehalten. Die Instrumente der Barden – Stimme, Flöte und Saiteninstrumente – vermittelten Wissen durch Klang und Ton. Es gab weder Niederschriften der Sagas und Lieder noch Notenaufzeichnungen.

Die Kelten haben die Künste immer hoch geachtet, insbesondere aber das gesprochene Wort. Die höchste Ehre wurde den Barden zuteil, und die Druiden lehrten ihre Studenten eine hoch entwickelte Gedächtniskunst. Die alte Weltsicht nahm die Dinge nicht wörtlich, vielmehr wurde alles in poetischen Metaphern ausgedrückt, die die innere Natur zugänglich machten, die man nicht direkt in Worte fassen konnte. Klang und Ton waren für die alten Kelten das beste Mittel, um Wissen zu verbreiten.

Früher war ein goldener oder silberner Zweig Symbol der Barden. In den Mythen aus Irland und der Insel Man trägt der Götterbote Manannan einen silbernen Apfelbaumzweig. Das war der magische Stab der Feen, und er war mit Silberglöckchen behängt. Das ergab einen besonderen Klang, die Musik vom Silberzweig. Diese elfengleiche Musik versetzte den Zuhörer in Schlaf und nahm ihn mit in die Anderswelt. Im *Agallamh an dá Shuadh* (Gespräch der beiden Weisen) »trat Neidhe seine Reise mit einem Silberzweig über dem Kopf an. Die Anradh, Dichter des zweiten Ranges, trugen einen Silberzweig, doch die Ollamh, die höchsten Dichter, trugen einen Zweig aus Gold; alle anderen Dichter trugen einen Zweig aus Gold.« Als in Manching, Bayern, ein kunstvoller Zweig mit vergoldeten Blättern gefunden wurde, zeigte sich, daß diese Überlieferung tatsächlich eine physische Entsprechung hatte. Im 10. Jahrhundert waren die Barden am Hof von Hywel Dda in Südwales geehrte Mitglieder. Eine herausragende Stellung hatte der *Penkerd* inne, der oberste Sänger, der seinen Platz gleich neben dem *Edling* hatte, dem designierten Nachfolger des Königs. Den zweiten Rang nahm der *Bard teulu* ein, ein Barde, der unbesteuertes Land besaß und vom König ein Pferd als Geschenk erhielt, dazu eine Harfe und von der Königin einen goldenen Ring.

Die keltischen Kreuze sind eine Verbindung des Sonnenrades des keltischen Sonnengottes mit dem christlichen Kreuz. Dieses Beispiel aus dem 10. Jh. steht neben einem runden Turm in Monasterboice in Irland.

Selbst unter fremder Herrschaft verloren die Kelten niemals ihre literarische Tradition. Auch unter den Römern in Norditalien brachten keltische Familien viele herausragende Literaten der lateinischen Sprache hervor, unter anderem Cato, Catullus, Varro und Vergil. Die irischen, britischen und bretonischen Sagas und Lieder legten den Grundstein für die europäische Literatur.

DIE DRUIDEN

Julius Cäsar zufolge gab es im keltischen Gallien nur zwei Klassen von grundlegender Bedeutung, die Druiden und die Edelleute. Das gemeine Volk wurde kaum besser als Sklaven behandelt. Sie durften aus eigenem Antrieb nichts unternehmen und spielten im öffentlichen Leben kaum eine Rolle. Druiden waren Priester und Richter. Sie hatten eine hierarchische Organisation, der ein Erzdruide vorstand, bei dessen Tod der Nächstälteste im Amt folgte. Wenn es Zeit wurde, einen neuen Führer zu bestimmen, aber zwei oder mehr mögliche Kandidaten in Frage kamen, wurde durch Wahlen entschieden. Als Priester waren die Druiden vom Militärdienst freigestellt und wurden anders besteuert als die gemeinen Bürger. Das hohe Ansehen der Druiden bescherte ihnen einen ernormen Zulauf von Kandidaten, die sich aber einer strengen Prüfung unterziehen mußten. Die Druiden benutzten zwar die griechische Schrift für ihre alltäglichen Geschäfte und Berichte, aber der geistige Teil

UNTEN: *Die alten britischen Druiden standen Festlichkeiten vor, bei denen Tieropfer zu Ehren der Sonne dargebracht wurden. Die Schlange war ein Symbol für Erneuerung und Fruchtbarkeit.*

der Lehren wurde nur mündlich weitergegeben. Die Schüler mußten Zehntausende von Versen auswendig lernen, was bis zu zwanzig Jahren dauern konnte. Nach zeitgenössischen Berichten liegt der Ursprung der druidischen Philosophie in Britannien, sie breitete sich von dort über den Kanal nach Gallien aus. Zu Cäsars Zeit (55 v. Chr.) gingen gallische Druidenschüler nach Britannien, um ihre Ausbildung abzuschließen. Druidische Lehren umfaßten die Natur in ihrer Ganzheit einschließlich Kosmologie, Astronomie, Physik und Theologie. Die Druiden waren Priester, die öffentlichen und privaten Opferhandlungen vorstanden und bei religiösen Fragen urteilten. Sie genossen großen Respekt als Richter und Rechtsprecher, sowohl auf der persönlichen Ebene als auch bei Stammesangelegenheiten. Manchmal wurden sie im Kriegsfalle als Schlichter angerufen, um die Gegner aufzuhalten, auch wenn die Schlachtreihen schon bereitstanden. Sie sprachen Recht bei allen Straftaten einschließlich Mord und Grenzstreitigkeiten. Sie verkündeten Urteile und sprachen Schadensersatz zu. Wer das Urteil der Druiden nicht anerkannte, wurde augenblicklich ausgestoßen und durfte nicht mehr an öffentlichen Opferfesten teilnehmen. Er verlor alle bürgerlichen Rechte und wurde wegen seiner rituellen Unreinheit von allen gemieden.

Henry Rowlands Bild aus dem 18. Jahrhundert stellt einen weisen alten Druiden mit einem Eichenzweig dar. Die Eiche war den Druiden heilig und steht für männliche Stärke.

Eine Synode der führenden Druiden fand alljährlich in einem Heiligtum bei Chartres statt, das man für den Mittelpunkt Galliens hielt. Die Synode war nicht nur eine Versammlung, in der organisatorische und religiöse Dinge besprochen wurden, sondern auch Oberster Gerichtshof. Aus dem ganzen Land kamen prozeßführende Parteien nach Chartres, um ein endgültiges Urteil zu hören.

KELTISCHES RECHT

Die ersten keltischen Regierungsformen beruhten auf mündlichem Recht, daher ist wenig Genaues bekannt. Es gibt jedoch viele Hinweise aus anderen Quellen. Das keltische Recht unterlag einigen allgemeinen Prinzipien, die das Wohl der ganzen Gemeinschaft fördern sollten. Cäsar berichtet,

DIE LEHRE DER DRUIDEN

Zentrales Thema der druidischen Lehre war die Doktrin der Unsterblichkeit der Seele und ihrer Wiedergeburt. Das bestärkte den Mut der Krieger, denn der Glaube an die Unsterblichkeit ließ die Männer die Angst vor dem Tod vergessen. Die Druiden lehrten nicht nur die Unzerstörbarkeit der menschlichen Seele, sondern auch des ganzen Universums, auch wenn Feuer und Wasser irgendwann in ferner Zeit den Sieg davontragen würden.

daß bei einer gallischen Heirat der Ehemann genauso viel von seinem Eigentum beisteuerte wie seine Frau durch ihre Mitgift. Dieses Geld wurde gemeinsam aufbewahrt oder angelegt, und der Gewinn daraus diente als eine Art Altersversorgung. Es wurde gespart bis einer von beiden starb. Das Geld und ein eventueller Gewinn fiel dem Überlebenden als Erbschaft zu. Das Recht sollte dem Wohl aller dienen, und so sah die irische Rechtsprechung eine Abgabe für Hospitäler vor, in denen Waisen, Schwache, Kranke und Alte kostenlos versorgt werden konnten.

»Die drei Gewinne, die sich am Ende als Verlust erweisen: Ruhm für eine ungerechte Tat, Reichtum durch Ungerechtigkeit und Herrschaft durch bösen Streit.«

Die Triaden von Britannien

Wie bei allen Dingen, nennt die keltische Legende die Namen der Gesetzesgründer. In Britannien kodifizierte König Dunwallo Molmutius das Molmutinische Gesetz. Daß Straßen als heilig betrachtet werden, in Britannien immer noch »The Queen's Highway« genannt, geht auf Molmutius zurück. In Irland gründete Ollamh Fodhla das Brehonische Gesetz. Es wurde nach einem Richter, Breitheamh, benannt und ist das älteste noch bestehende Gesetzessystem Europas. Die walisischen Gesetze, wie wir sie heute kennen, wurden von dem südwalisischen König Hywel Dda in eine Form gebracht. Er rief Repräsentanten aus seinem ganzen Reich zusammen und vereinheitlichte die traditionellen Gesetze aus früheren Gesetzbüchern. In seinem Text sind alle juristischen Begriffe keltisch ohne jeden römischen Einfluß. Das zeigt deutlich, daß diese Gesetze aus noch früherer Zeit stammen und nicht romanisiert wurden.

Die Gesetze des Hywel behandeln Fragen wie das Recht des Königs, seinen Nachfolger, den Edling, zu bestimmen, und andere Rechte und Pflichten. Das walisische Strafgesetzbuch ist sehr detailliert und sorgfältig aufgeschrieben. Es legt die Strafen für Mord, Beleidigung, Körperverletzung und Diebstahl fest und schreibt genaue Summen vor, die als Wiedergutmachung für bestimmte Körperverletzungen zu zahlen sind, zum Beispiel für den Verlust einer Gliedmaße. Eigentum wurde gründlich bewertet, einschließlich so

GALANAS

Unrecht, das einem Verwandten zugefügt wurde, wurde als Unrecht gegen den Clan betrachtet und rief die »Blutfehde« hervor. Als in Wales die Gesetze niedergeschrieben wurden, wurde die Blutfehde durch Zahlung von Galanas, *»Blutgeld«, ersetzt. Das Recht auf Rache blieb jedoch bestehen, wenn das Blutgeld nicht bezahlt wurde. Unter den Clans in Schottland hielt sich die Blutfehde bis ins 18. Jahrhundert, der Religionskonflikt in Nordirland trägt heute noch ähnlichen Charakter.*

persönlicher Dinge wie die königliche Scheune, Schwerter mit goldenem Griff, Spielbretter, Harfen und Vieh samt Bienen und Katzen.

DIE VATEN

Die alten Kelten erlebten die Welt als einen magischen Ort. Das alltägliche Leben stand in direktem Kontakt mit den unsichtbaren Mächten, die Welt der Menschen war eng mit der Welt der Götter verbunden. Die alten Kelten wußten, daß alle Ereignisse eine Bedeutung haben. Besondere Träume wurden im Gedächtnis behalten und gedeutet. Von der Natur konnten sie allerlei geheime Dinge lernen. Aus dem Flug der Vögel und dem Verhalten bestimmter Tiere erkannten sie, was die Zukunft bringen würde. Es war die Aufgabe der Vaten, einer besonderen Art von Wahrsagern, diese Omen zu lesen und zu deuten. Zwar weniger geachtet als Druiden und Barden, waren sie dennoch wichtige Mitglieder der keltischen Gemeinschaft. Druiden und Barden genossen eine langjährige formale Ausbildung, Vaten jedoch mußten nur Begabung als Voraussetzung mitbringen. Dem konnte eine Offenbarung vorausgehen, eine Krankheit oder ein Gottesurteil, dem sich der Kandidat zufällig oder freiwillig stellte.

OBEN: *Dieses Bild aus einem französischen Manuskript aus dem 14. Jahrhundert zeigt Josephus, den Sohn von Joseph von Arimathea, bei der Meßfeier. Der zentrale Gegenstand ist der Heilige Gral, aus dem die Gestalt Christi aufsteigt.*

Die keltische Divination kannte viele Formen. Die Vaten beobachteten den Vogelflug, das Verhalten der Tiere, die Muster von fließendem Wasser, die Gezeiten und das Ziehen der Wolken. Sie warfen Steine oder besondere geritzte

Stäbe und deuteten das Muster, das sie ergaben. Durch diese Omen konnten sie Druiden und Edle bei ihren Entscheidungen beraten.

TRADITIONEN DER CLANS

Jeder Brauch der keltischen Tradition hat einen mythologischen Ursprung, und viele keltische Clans führten ihre Herkunft auf ein Totemtier zurück. Diese Tiere wurden mit den Namen von Göttern angerufen, am weitesten verbreitet waren Tavros, der Stier, Mullo, der Esel, Moccos, Gott der Schweine, Epona, Göttin der Pferde, Artio, Göttin der Bären, und Damona, Göttin der Rinder. Julius Cäsar zufolge verehrten die alten Briten Tiere wie Hasen,

Das englische Battersea-Schild aus dem 1. Jh. v. Chr. mit Sonnensymbolik.

Hühner und Gänse, die nicht getötet wurden. Einige gallische Namen gehen auf Tiere zurück, zum Beispiel Brannogenos (Sohn des Raben) und Artogenos (Sohn des Bären), und der Name des berühmtesten Kelten, König Artus, bedeutet »der Bär«.

Die keltischen wie auch die germanischen Kampfkünste besaßen vollendete Techniken, die Tieren nachempfunden waren. Ein Bärenkrieger kämpfte in der Art eines Bären und so weiter. Diese Techniken bildeten die Grundlage für die Fähigkeiten der mittelalterlichen Ritter, von denen viele ein Wappentier auf ihrem Schild trugen. Auch heute noch zieren Tierbilder die Wappen vieler schottischer Clans. Das Zeichen des Bruce-Clans ist ein Löwe. Die Clans Chattan, MacGowan und MacIntosh wählten die Katze; Colquhoun, Davidson, Forbes, Fraser von Lovat, Keith und Scott nahmen den Hirsch; MacLeod einen Stier; Kennedy einen Delphin. Auch ist jeder Clan an seinen gewebten Mustern und Farben zu erkennen, die ältesten haben symbolische Bedeutungen.

UNTERDRÜCKUNG

Die christliche Kirche hat weite Teile des druidischen Wissens übernommen, die Vaten aber durften ihre Tätigkeit nicht weiter ausüben. St. Columba verdammte die verschiedenen Arten der Wahrsagerei, die in der Tradition des keltischen Volks zum Alltag gehörte. Dazu gehörten Omen, Zeichen und der Gebrauch der hölzernen Lose oder Crannachar, *auf denen die Zeichen des Ogham eingeritzt waren.*

»Unser Schicksal hängt nicht von einem Nieser ab
Nicht von einem Vogel auf einem Ast
Ich bete nicht den Ruf des Vogels an
Und kein Los dieser Welt.«

OBERHÄUPTER UND PRIESTER

In der traditionellen keltischen Gesellschaft haben ein Stamm, ein Clan oder eine Familie zwei Führer, die ihr Amt jeweils durch Erbschaft erhalten. Der erste ist der Kriegsherr oder König, der in Krieg und Frieden den Oberbefehl innehat. Nach ihm, aber nicht weniger bedeutend, kam der Druidenpriester. Er war das religiöse Gegenstück zum Kriegsherrn oder König. Dem König unterstand die weltliche Herrscherklasse, die Aristokraten. In gleicher Weise unterstanden die niederen Priester und die religiösen Mitglieder der Clans dem Oberpriester. Die keltische Gesellschaft hatte also zwei parallele Hierarchien, eine weltliche und eine religiöse. Die Mitglieder der religiösen Gruppe unterstützten die weltliche Gruppe bei der Durchführung von öffentlichen und privaten Zeremonien. Im Gegenzug unterstützte die weltliche Gruppe die religiöse finanziell, indem sie den Zehnten abgab, und physisch, indem sie für Schutz und Verteidigung sorgte. In heidnischer Zeit bestanden die aristokratischen und die religiösen Gruppen parallel nebeneinander.

Als die christliche Religion an die Stelle

UNTEN: *Dem irischen Helden Fionn mac Cumhaill erscheint ein Rabe. Krähen oder Raben waren Sinnbilder für Tod und Zerstörung aber auch Prophezeiungen.*

des Heidentums trat, änderte das nichts an der innigen Beziehung der Menschen zu ihrem Land. Traditionelle Stammes- und Clangebiete wurden beibehalten, Viehwirtschaft und Ackerbau, diverse Jagdmethoden, Transportwege, die Fertigkeiten der Handwerker und Frauen, die Kampfkünste und die Strafen für Verbrecher blieben unverändert. Allerdings verbot die Kirche Menschenopfer, so weit es noch welche gab. Christliche Mönche und Priester übernahmen die soziale Rolle der Druiden. Druiden mußten keine Steuern zahlen, sondern erhielten den Zehnten von der weltlichen Gemeinschaft, das blieb auch unter dem Christentum so. Druiden durften keine Waffen tragen, wurden aber vor Angriffen geschützt, auch diese Tradition wurde später auf die christlichen Priester und Mönche übertragen.

LINKS: Ètain, Helen, Maeve and Fand, Golden Deirdre's Tender Hand *von Harry Clarke. In den irischen Legenden wurden diese starken Frauen als Heldinnen verehrt.*

Die christlichen Priester übernahmen den größten Teil der sozialen Funktionen der Druiden, auch die Vererbbarkeit der Priesterschaft blieb bestehen, als das Christentum die offizielle Religion wurde. Im ganzen keltischen Herrschaftsbereich schlugen die neu konvertierten christlichen Mönche und Priester dieselben Pfade wie ihre druidischen Vorgänger ein. Auf diese Weise setzten die Christen die druidischen Methoden fort, interpretierten sie aber neu gemäß den christlichen Lehren. Die Söhne der Priesterfamilien, die einst Druiden geworden wären, wurden nun christliche Priester. Die Stammesgebiete der Familien waren heilige

Besonders in der irischen Tradition wurden Kriegsgöttinnen, mehr noch als Götter, als Beschützerinnen des Stammes verehrt. Diese Rolle wurde auch der Sterblichen Boudicca zugeschrieben.

Orte, die die neuen christlichen Priester von ihren heidnischen Vorgängern erbten. Die alten heiligen Plätze wurden neu geweiht und Klöster oder Kirchen neben heiligen Bäumen oder Menhiren errichtet, die durch ein Kreuz auf der Spitze christianisiert wurden. Die ersten christlichen Priester, die ihr Amt auf den heiligen Plätzen ausübten, wurden dort bestattet und so im Tod mit ihren heidnischen Ahnen vereint, die ebenfalls dort begraben lagen. Man erinnert sich an die christlichen Priester als Heilige, die Kirchen gegründet haben, und auch heute noch tragen

CHRISTLICHE BARDEN

Der walisische Barde, Reverend J. Williams ab Ithel, schrieb 1862 in Barddas*: »Die Barden glauben, daß alle Dinge nach Vollkommenheit streben. Aus diesem Grund haben sie das Christentum, als sie es mit offenen Armen empfingen, gemäß ihren eigenen Prinzipien als die nächste Stufe ihres früheren Glaubens betrachtet.«*

die Plätze und Orte im ganzen keltischen Land ihre Namen.

DIE KELTISCHEN CLANS

Clann ist ein gälisches Wort und bedeutet Kinder. Ein Clan ist eine Familie, die von einer bedeutenden Persönlichkeit abstammt, dessen Namen sie in der Regel trägt. Das jeweilige Clanoberhaupt ist in direkter Linie Nachfolger des Gründers und nominell der Vater und die moralische Autorität des ganzen Clans. Obgleich das Clansystem eindeutig keltischen Ursprungs ist, haben die heutigen schottischen Clans, die das System in seiner ältesten Form beibehielten, gemischte Vorfahren. Manche der schottischen Clans stammen von den alten Schotten ab, die seit den 6. Jahrhundert Irland in Richtung Osten verlassen haben. Andere wiederum gehen auf Normannen, Angeln und Wikinger zurück.

Die Ahnen der schottischen und irischen Stämme sind heute hoch geachtet, gleich welchen ethnischen Ursprungs sie sind. Mancher Stammesgründer war ein keltischer Mönch, andere waren königlichen oder adligen Bluts. Es ist erstaunlich, wie unterschiedlich die Herkunft der Clans ist. St.Maelrubha oder Maree ist der Schutzheilige der Morrisons von Ness, von denen der Clan abstammt. Die Siol Alpin ist eine Gruppe von Clans, die ihre Herkunft von Kenneth MacAlpin ableiten, dem König, der im 5. Jahrhundert die Schotten und die Pikten zu einer Nation vereinte. Conall, fünfter König von Dalriada (560 – 74) war der Urahn des Clans der Neill. Clan Gunn leitet sich von dem Norweger Olaf der Schwarze her, der König von Man und den Inseln war und 1237 starb, während MacLeod of Harris von Olafs Bruder, Leod Olafson abstammt. Die MacPhersons (»Sohn des Pfarrers«) stammen im allgemeinen von der adligen keltischen Geistlichkeit ab.

Die gemeinschaftliche Struktur der Clans war früher unter den Kelten weit verbreitet, doch allmählich hat sie sich überall außer in den Highlands von Schottland aufgelöst. Strenggenommen besteht ein Clan aus der Familie des Oberhaupts und den Zweigen, die ihre Abstammung vom Gründer durch die weibliche Linie nachweisen können. Diese rein familiäre Definition eines Clans wurde selten so streng angewendet. Tatsächlich umfaßte ein Clan jede Familie, die die Autorität und den Schutz des lokalen Clanoberhaupts akzeptierte. Früher wurde das Oberhaupt gemäß dem keltischen Gesetz aus einer bestimmten Gruppe männlicher Verwandter ausgewählt.

Die Kelten glaubten, die Götter der Tuatha dé Danann bewohnten diesen Megalith von New Grange in Irland, der aus der Zeit um 2500 v. Chr. stammt.

Auch wenn es ein Oberhaupt gab, war das schottische Clansystem eine klassenlose Gesellschaft, die durch Verwandtschaftsverhältnisse verbunden war. Das Stammland des Clans war nicht alleiniger Besitz des Oberhauptes, sondern wurde unter den Familien aufgeteilt, die es

OBEN: *Diese Illustration aus einem englischen Psalter (14. Jh.) stellt William den Eroberer bei der Jagd dar. Viele irische Clans berufen sich auf normannische Abstammung.*

bewirtschafteten. Das feudale System nach normannischen Richtlinien schaffte das kollektive Besitztum der Clans ab. Der männliche Erbe erhielt automatisch den Titel des Clanoberhauptes, und das alte keltische System des Besitzrechts wurde vom individuellen Besitztum abgelöst.

Der letzte Widerstand der Clans der Highlands bestand darin, Bonnie Prince Charlie zu unterstützen, als der seinen Anspruch auf den britischen Thron geltend machte. Nach der Schlacht von Culloden im Jahr 1746 bemühte sich die britische Regierung auf allen Ebenen, das schottische Clansystem abzuschaffen. Die traditionelle Kleidung der Highländer einschließlich des Tartans wurde durch den »Clothing Act« verboten. Die alten Formen des Pachtrechts und andere bäuerliche Praktiken wurden abgeschafft, ein Wirtschaftssystem, das auf Geld beruhte, eingeführt, und Gesetze erlassen, um den Oberhäuptern ihre angestammten Rechte zu entziehen. Aber so leicht waren die Clans nicht zu besiegen, und das schottische Clansystem blüht selbst heute noch, wenn auch in einer gemäßigten Form, die unserer heutigen Zeit angemessen ist.

BONNIE PRINCE CHARLIE

Charles Edward Stuart, Enkel von James II., war als Bonnie Prince Charlie bekannt. Während der jakobinischen Rebellion von 1745 scharten sich die Männer der schottischen Clans um ihn, als er nach England marschierte und Anspruch auf den Thron erhob. Ein Jahr später wurde er in der Schlacht von Culloden vernichtend geschlagen.

KAPITEL 3

KUNST UND HANDWERK

Die keltischen Handwerkstechniken bildeten sich durch das Zusammenwirken der Hallstattkultur in Mitteleuropa mit griechischen und etruskischen Methoden heraus. Durch ihre Verschmelzung gelangen den Kelten durchschlagende technische Erfindungen, die die Lebensqualität der Menschen in Mitteleuropa entscheidend verbesserten. Sie erfanden die Töpferscheibe, machten dem alten hölzernen Pflug eiserne Schuhe und Räder und führten eine einfache Maschine für die Getreideernte ein. Die keltischen Zimmermänner kannten anspruchsvolle Methoden, mit denen sie Häuser und Wagen bauten. Die keltischen Wagen waren allen anderen ihrer Zeit weit überlegen, und ihr technisches Niveau blieb bis zum Mittelalter unübertroffen. Die Wagenbauer verbanden außerordentlich geschickt Holz- und Metallarbeiten. Sie erfanden Lager, die die Reibung verminderten, so daß man Wagen und Karren mit weniger Energie fortbewegen konnte. Die jüngsten Gefährte hatten Kugellager, die in römischer Zeit in Vergessenheit gerieten und erst mit der industriellen Revolution wiederentdeckt wurden. Im 10. Jahrhundert konnten keltische Schmiede bereits Harfensaiten aus Metall herstellen, später, im Industriezeitalter, erfanden walisische und schottische Techniker neue Methoden für den Eisenguß. Der Schmied hatte immer eine angesehene Stellung in der keltischen Gesellschaft. Keltische Schmiede standen in dem Ruf, über eine göttliche Inspiration zu verfügen.

Dieser Dolch mit Scheide aus dem 6. Jahrhundert, wunderschön mit Tierbildern verziert, ist ein gutes Beispiel für die Kunst der Bronzegießer.

Sie erfanden das Kettenhemd, das den Kämpfern einen echten Vorteil gegenüber den Feinden verschaffte, die Bronzewaffen benutzten. Das keltische Stahlschwert war ein direkter Vorläufer des mittelalterlichen Ritterschwertes. Analysen von Metall, das in Ungarn gefunden wurde, zeigen, daß die keltischen Schmiede Eisen und Stahl mit unterschiedlichen Kohlenstoffanteilen für verschiedene Verwendungszwecke herstellen konnten. Metall war eine so wertvolle Ware, daß die alten Briten Eisenbarren als eine Art Währung benutzten.

Rechts: *Gehörnte Gestalten schmücken diesen Bronzekessel aus dem 8. Jahrhundert v. Chr. Diese Kessel waren ein Symbol für Wiedergeburt und wurden meist mit den Toten begraben.*

Genauso verblüffend wie die Kunst der Schmiede war die Geschicklichkeit der Bronzegießer. Sie kannten raffinierte Gießmethoden, um

KELTISCHE MÜNZEN

Die meisten keltischen Stämme besaßen eine eigene Münzprägung. Eine rundes ungeprägtes Stück eines wertvollen Metalls wurde auf einen festen unteren Prägestempel gelegt, der obere Prägestempel wurde darauf gehämmert. Die große Geschicklichkeit der Stempelschneider zeugt von einer hoch entwickelten Goldschmiedekunst mit feiner Körnung und filigranen Techniken, die man an vielen heute gefundenen Artefakten bewundern kann.

ausgezeichnete Werkzeuge, Schmuck und Panzer herzustellen. Im Gegensatz zu späterer Zeit, wo eine schöngeistige Trennung zwischen »höherer Kunst« und »Handwerk« gezogen wurde, gab es in der keltischen Tradition keinen Unterschied zwischen Ornament und Gebrauchswert. Das Ornament ist nicht nur eine Ausschmückung der Grundform, sondern fester Bestandteil von ihr, was dem Gegenstand einen einzigartigen und schönen Nutzwert verlieh.

Auch als die keltischen Gebiete unter fremde Herrschaft gerieten, entwickelten die Handwerker ihre innovativen Fähigkeiten weiter. Keltische Erfinder trugen viel zur Entwicklung der motorisierten Transportmethoden bei, ohne die die heutige Welt nicht denkbar wäre. Der Schotte James Watt (1736 - 1819) erfand die Dampfmaschine, und Richard Trevithick aus Cornwall (1771 - 1833) baute die erste dampfgetriebene Lokomotive, die 1803 auf der Pen-y-Darran Linie in Südwales fuhr. Im Jahr 1878 baute der Schotte Sir Dugald Clerk (1854 - 1932) den ersten funktionierenden Zweitakt-Verbrennungsmotor, der später für Motorräder weiterentwickelt wurde.

Ein silbernes Pferdegeschirr aus dem 1. oder 2. Jahrhundert v. Chr. Der Triskell in der Mitte und die Köpfe außen herum symbolisieren die Sonne und göttliche Weisheit.

EINE GANZHEITLICHE PHILOSOPHIE

Weder in heidnischer noch in christlicher Zeit bestand eine Trennung zwischen Religion und Alltagsleben. Das Wesentliche der keltischen Philosophie besagt, daß der Mensch nicht von der Natur getrennt ist, sondern ein Aspekt von ihr. Dinge, die von Menschen hergestellt werden, sind ebenfalls Teil der Natur. Aus dieser ganzheitlichen Weltsicht heraus kann keine Trennung zwischen Ornament und Nützlichkeit bestehen. Natur ist schön und gleichzeitig funktional. Die Muster und Linien der keltischen Kunst spiegeln die Erkenntnis, daß das Universum aus ewig sich wandelnden Formen besteht, die kaum wahrnehmbar ineinander übergehen und dennoch immer dieselbe Essenz ausdrücken. Die alten bardischen Lehren Britanniens berichten, daß der materiellen Existenz eine Struktur zugrundeliegt, die Manred genannt wird. Sie bezeichnet die Grundstruktur der physischen Realität, die Ganzheit der Teilchen, Atome, Moleküle und geometrischen Verflechtungen, aus denen das Dasein besteht. Die keltische Kunst beruht auf den sich wandelnden Mustern Manreds. Die geometrischen Muster der keltischen Mosaike, Spiralen und Knoten sind ohne Anfang und Ende und ohne Unterbrechung. In ihrer Mannigfaltigkeit sind diese Muster untereinander austauschbar, eines geht in das andere über. Sie sind feststehende künstlerische Darstellungen der ewig fließenden Teilchen Manreds, denn alles ist Fließen, und die Muster, die wir zu einer bestimmten Zeit sehen, sind die Muster genau dieses Zeitpunktes, sie sind nicht unwandelbar und ewig. Die Formen dieser und die der nichtmateriellen Welt durchdringen sich in der keltischen Kunst. Die Reiche der Tiere und Menschen, der Göttinnen und Götter, Leben und Tod sind in der keltischen Weltsicht nicht losgelöst von einander. Sie sind Aspekte eines ganzheitlichen Kontinuums, wo alles ein Teil des Ganzen ist, wo das Prinzip der Selbstähnlichkeit die grundlegende Weise spiegelt, wie die Natur strukturiert ist. Jeder Halsreif, jeder Ring und jeder metallene Gegenstand, wie klein er auch sein mag, ist eine vollkommene Spiegelung

Dieses Bronzestück wurde in Italien ausgegraben und zeigt eine Frau in der typischen keltischen Zeremonialkleidung, die wahrscheinlich bei Ritualen getragen wurde.

dieses Prinzips, das die tätige Welt der Menschen mit der Natur vereint.

Mit seiner glänzenden Entdeckung der fraktalen Mathematik ließ 1980 Benoit Mandelbrot das Prinzip der Selbstähnlichkeit auf verschiedenen Ebenen, aber in enger Beziehung zu einander, wieder aufleben. Selbstähnlichkeit bedeutet, daß ein Muster, eine Struktur auf verschiedenen Ebenen wiederholt wird. Es gibt keine leeren Zwischenräume. Die Struktur ist an jedem Punkt vorhanden und wird gleichzeitig auf einer größeren und einer kleineren Ebene reflektiert. Alles ist Bestandteil eines umfassenden unteilbaren Ganzen. Das ist das Leitprinzip, das der keltischen Kunst seit ihrer Entstehung vor 2700 Jahren zugrundeliegt. Selbstähnlichkeit ist umfassend, sie manifestiert und wiederholt die Muster vom Kleinsten bis zum

BENOIT MANDELBROT

Benoit Mandelbrot, ein amerikanischer Wissenschaftler polnischer Abstammung, schuf den Begriff »fraktale Geometrie« um Selbstähnlichkeit zu beschreiben; ein Motiv wiederholt sich unendlich und wird jedes Mal kleiner – ein Konzept, das auch in der Chaostheorie Anwendung findet. Fraktale dienen als Modelle für geographische oder biologische Prozesse.

Größten. Es gibt keine Stelle, die nicht in der einen oder anderen Weise das Muster in sich trägt. Es gibt keinen leeren Raum, denn jeder Teil des Kosmos ist beseelt.

GEISTIGES HANDWERK

Für die Kelten war Handwerk nicht einfach eine materielle Tätigkeit, es hatte auch eine geistige Dimension. Aus dieser Erkenntnis heraus ehrten die Menschen die den Handwerken und Berufsständen zugehörigen Gottheiten. Gallische Bauern verehrten Ambactanos, der in Britannien Amaethon genannt wurde. Gallische Weinbauern und Bierbrauer ehrten Sucellos, den »Bringer des Guten«, der die Weinstöcke vor Übel schützte. Bis zum 19. Jahrhundert nahmen die Mitglieder der Schmiedegilde der Hammermänner eine Vorrangstellung unter den Handwerkern von Schottland ein. In Britannien ist der Gott Gofannon Patron der Schmiede. In Irland ist er als Goibhniu einer der Tre Dee Danaan, »der drei Götter von Danu«. Neben dem Schmiedegott gibt es Luchtar, den Gott der Zimmerleute, dessen Verehrer das Geheimnis des Holzes kennen. Die Gilden der Handwerker bildeten sich auf einer geistigen Grundlage mit zeremoniellen Einweihungsriten, verschiedenen Wissensstufen und Meisterprüfungen. Aus diesem Grund gehörte das keltische Handwerk zum besten der Welt.

MANRED

Manred ist nicht fest, es verändert sich beständig.
Ein altes gälisches Sprichwort sagt:
»Mit der Ebbe, mit der Flut,
Wie es war, wie es ist,
Wie es sein wird, mit der Ebbe, mit der Flut.«

Eine romantische Darstellung Fionns, der den undurchdringlichen Schild und das Schwert, Symbole des Anführers der irischen Krieger der Fianna, von seinem Vater Cumhaill erbte.

Die Handwerke der einzelnen Gottheiten waren in Lugh Ildánach vereint, Patron aller Künste und Handwerke. In Gallien kannte man ihn als Lugus, in Britannien als Lleu oder Lludd Llaw Ereint. Die irische Mythologie erzählt eine Geschichte über Lugh, den alten keltischen Gott des Wissens und des Könnens. Einmal kam er zum Hof von König Nuada vom Silberarm und suchte Arbeit. Der Torhüter fragte ihn, was er könne. Lugh antwortete, er sei ein guter Zimmermann, doch man sagte ihm, Nuada habe bereits einen Zimmermeister, Luachta, Sohn des Luchad. Dann erklärte Lugh, er sei ein guter Schmied, aber Nuada hatte bereits einen. In gleicher Weise erhielt er Antwort, als er sagte, er sei ein Meister der Kampfkünste, ein Dichter, Musiker, Arzt und Wissender. Doch Lugh fragte den Torhüter: »Gibt es jemanden im Palast, der alle diese Künste beherrscht?« Plötzlich erkannte man, daß ein Mann, der ein Meister aller Künste war, den vollkommenen Inbegriff menschlicher Fähigkeiten verkörperte, und er wurde eingelassen. Man gab ihm den Namen Lugh Ildánach, der »Alles-Handwerker«. Einige Städte, alte Zentren der Handwerkskunst, sind nach Lugh benannt. In England trägt London seinen Namen, in Frankreich Laon, Léon und Lyon und Leiden in den Niederlanden.

Diese Geschichte zeigt den hohen Respekt der Kelten für denjenigen, der es in seinem gewählten Handwerk zur Meisterschaft gebracht hat. Schon immer haben die Kelten das beste Handwerk geehrt, im materiellen Bereich, wie Metall und Holzarbeiten, oder im geistigen Bereich, wo Dichtung, Musik und Lied einen hohen Stellenwert einnahmen. Selbst als die christliche Religion die alten Götter abgelöst hatte, konnte das geistige Prinzip von Lugh, dem Alles-Handwerker, nicht verdrängt werden. Er schwand aus der Götterschaft und wurde Lugh-Chromain, der »Kleine bucklige Lugh«, der Handwerker aus dem Feenreich. Schließlich wandelte sich sein Name zu Leprechaun. Die Erinnerung an seine allumfassenden Fähigkeiten jedoch werden in dem irischen Volkslied *The Dublin Jack of All Trade* lebendiggehalten.

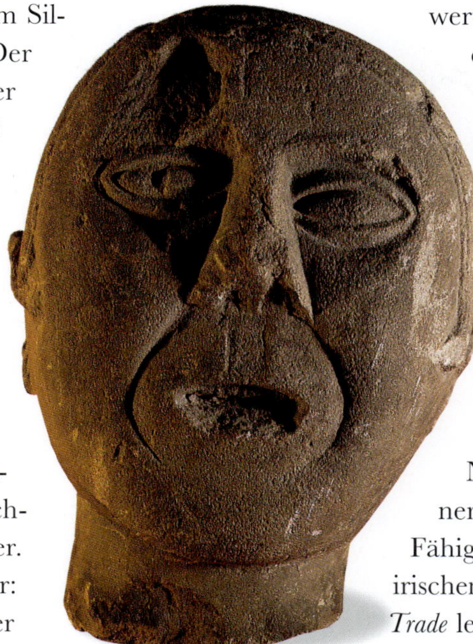

Ein Kopf aus Stein, gefunden in Yorkshire, England. Die Kelten verehrten den menschlichen Kopf, und er war ein beliebtes Motiv der Handwerker.

ARBEITEN AUS EDELMETALL

Gemäß der walisischen Tradition war die Metallurgie »eines der drei Dinge, die ein Barde nicht tun durfte, da sie

SCHMIEDEKUNST

In der keltischen Gesellschaft genoß der Schmied von allen Handwerkern das höchste Ansehen. Die Kunst des Schmieds grenzte an Magie, sie umfaßte die alchemistische Verwandlung des dunklen Erzes in glänzendes Metall und dann in vollkommen gearbeitete Gegenstände, Werkzeuge und Waffen. Die Schmiedekunst ist eine der Wurzeln der Macht des Menschen über die Welt, wie es eine alte irische Redewendung ausdrückt: »Eine kleine Axt fällt einen großen Baum.«

TORQUES

Der Torques ist das charakteristischste keltische Schmuckstück. Dio Cassius berichtet, wie Boudicca in die Schlacht zog. Sie trug ein »schweres Halsband aus verschlungenem Gold.« Man sieht Torques auf alten Darstellungen, einschließlich des gehörnten Gottes auf dem Kessel von Gundestrup und des berühmten »sterbenden Galliers« von Pergamon.

bestand, und diese acht Bänder setzten sich wiederum aus acht ineinander gedrehten Goldbändern zusammen. Diese Stücke geben Zeugnis von der großartigen Kunstfertigkeit und dem Geschick der frühen Kunsthandwerker. Bronze wurde mit farbigem Glas in komplizierten und eleganten Mustern emailliert. Von den Römern lernten die Kelten Kupferlegierungen wie Messing und die Technik, Bronze zu vergolden und zu versilbern.

unrein für ihn waren, mit der ein Barde nichts zu tun hatte, außer sie durch Lernen, Wissen und Lehren zu vervollkommnen«. In heidnischer Zeit war das Handwerk des Schmieds eine göttliche Kunst, die von der erhabenen Macht des Gottes Goibhniu oder Govanon herrührte, aus dem später der Feenschmied GÛbhan Ser wurde. Die keltischen Edelmetallschmiede waren wahre Meister ihrer Zunft. Strabo, ein keltischer Adliger, berichtet uns: »Sie trugen goldenen Schmuck, Torques um den Hals, Reifen an Handgelenken und Armen, und Angehörige des adligen Standes trugen farbige Gewänder, die vor Gold funkelten.«

Unzählige Torques (Halsreifen) aus gedrehtem Gold wurden in Gräbern und Schatztruhen gefunden. Die größte Ansammlung von Torques, die je an einer Stelle gefunden wurde, stammt aus Snettisham, Norfolk, East Anglia. Es waren 58 Stück aus der Zeit um 50 v. Chr.. Unter ihnen befand sich ein auffälliges Stück, das aus acht verschlungenen Bändern

Eine menschliche Figur aus Böhmen, Bronze, um 450 v. Chr.

WAFFEN UND WAPPEN

Die Muster in den keltischen Metallarbeiten haben eine symbolische oder magische Funktion, viele dieser Elemente sind auf Waffen zu finden. Schwerter und Speere trugen Ornamente mit magischer Absicht. Schwertgriffe waren in Gestalt von Menschen oder Göttern, Speere mit wirbelnden Mustern graviert. Schilde trugen Schutzsymbole. Heute noch erhaltene Schilde sind mit Tieren wie zum Beispiel Ebern geschmückt. Die Legende erzählt, daß der irische Held Fionn MacCumhaill einen undurchdringbaren Schild trug, der durch Oghamzeichen in einer bestimmten Anordnung geschützt wurde. Diese Anordnung heißt heute noch »Fionns Schild«. Andere keltische Krieger trugen Schilde mit *Liuthrindi*, Mustern, die Gegner verwirren sollten; schon damals wurden störende Muster in der Kriegsführung eingesetzt. Der Überlieferung zufolge zierte König Artus' Schild ein Bild der

Jungfrau Maria. Möglicherweise sind die differenzierten Wappen der europäischen Ritterzeit zum Teil aus keltischen Motiven entstanden.

Die keltischen Wappenbanner stellten den Stammbaum, die geographische Herkunft und den Kampfstil seines Besitzers dar. MacGorman erzählt Geschichten von »graubraunen Standarten wie Feuer« und dem »schwarz und weiß gestreiften Satin« des Banners des Königs von Britannien. Von einem anderen Kampf erzählt der Barde O'Doherty. Das Banner des O'Loughlin in der Schlacht von Moyragh war aus »hellem Satinstoff«, auf den eine alte fruchttragende Eiche aufgestickt war und ein »blauer Anker mit goldenem Tau«. König Artus soll eine Standarte in Gestalt eines drachenförmigen Windsacks getragen haben.

Ein hervorragend gearbeiteter versilberter Reliquienschrein des 8. Jahrhunderts aus der Lombardei. Neben den christlichen Figuren sind auch die für die keltische Kunst typischen verschlungenen Pflanzenmotive zu erkennen.

ZUSAMMENHÄNGE UND VERBUNDENHEIT

In der keltischen Kultur war alles auf vielfältige Weise verbunden, verschiedene Kunstformen und die Formen der Natur waren miteinander verflochten. Die keltische Kultur sieht sich nicht abgespalten von der Natur, sie lernt von ihr und ehrt und würdigt sie. Man sagt, die alten Barden konnten die Sprachen der Vögel und Bäume verstehen. Die keltischen Künstler ließen sich maßgeblich von der Natur inspirieren, denn die Muster der Natur befanden sich in einem ewigen Fluß und waren eine nie versiegende Inspirationsquelle. Durch die Harmonie mit der Natur empfingen die Menschen von Zeit zu Zeit Eingebungen und jenseitiges Wissen. Die Vaten lasen die Omen aus dem Vogelflug, der Gestalt der Wolken und der Windrichtung. Als der Berufsstand der Vaten aufgelöst war, haben die irischen Frauen, die Banfathi, die Kunst des *Idearmanachd* fortgeführt, indem sie Omen aus fließendem Wasser deuteten, aus den sichtbaren Mustern und aus dem Geräusch des Wassers.

KELTISCHE HERALDIK

Der irische Barde Finn MacGorman, der im Jahr 1160 starb, hinterließ ein Gedicht über die Schlacht von Magh Rath, das die Banner der kämpfenden Einheiten beschreibt.

»Das große Symbol der Beute weht von seinem Stab,
Über Congals Kopf rückt ein gelber Löwe vor
In unsere Richtung.
Die Insignien der Craebh Ruadh
Wie die edle Spiralschnecke
Wird nun von Congal emporgehalten ...«

Die Verflechtungen der einzelnen Aspekte der keltischen Kultur erscheinen selbst an völlig unerwarteten Stellen, wie zum Beispiel dem Brettspiel *Brannumh* oder *Fidcheall*. Diese Vorläufer des Schachspiels waren mehr als nur ein schöner Zeitvertreib, denn das Brett und die Aufstellung der Spielsteine versinnbildlichten die Ordnung des Königreiches. Ein Gedicht des irischen Barden Tadhg Dall Oh Uginn aus dem Mittelalter beschreibt Tara, den Sitz des Hochkönigs, als zentralen Punkt auf dem Spielbrett von Irland: »Den Mittelpunkt der Ebene von Fál bildet Taras Festung, ein zauberhafter Hügel genau in der Mitte der Ebene wie eine Markierung auf dem farbigen Brannumhspielbrett. Gehe dorthin, es wird ein lohnender Schritt sein. Spring auf dieses Quadrat, bereit für den König. Zu recht gehört das Brett dir.« Das Spielbrett stellt das Land dar und umgekehrt. Der Name des Spiels heißt auf walisisch *Tawlbwrdd*, das bedeutet »Wald-Wissen«, eine poetische Metapher für »Das Spiel der Weisen.« In Wales haben die Richter früher ein Tawlbwrdd-Brett als ein offizielles Zeichen bei sich getragen, das Recht und Ordnung im ganzen Land symbolisiert. Dieser enge Zusammenhang zwischen dem Großen und dem Kleinen taucht auch bei den keltischen Artefakten immer wieder auf.

Zwei Teile eines Pferdegeschirrs in leuchtenden Farben. Jede Farbe hatte eine symbolische Bedeutung.

In einem Grab bei Hochdorf in der Nähe von Stuttgart wurde ein großer Bronzekessel entdeckt, der eine fein gearbeitete goldene Schale enthält. Diese innere Schale verdoppelt die Form des Kessels. Daran erkennt man das typisch keltische Prinzip der Selbstähnlichkeit, wo die Form des inneren kleinen Gegenstandes die Form des äußeren spiegelt. Außerdem ruht der Kessel unter einem ähnlich geformten Erdhügel, der wieder unter dem schalenförmigen Himmelsgewölbe liegt. Auch die Geometrie der künstlerischen Gestaltung von Manuskripten wie dem *Book of Kells* oder dem *Book of Durrow* unterliegt ähnlichen Prinzipien. Diese Regeln treten auch im keltischen Kreuz in Erscheinung, dem Symbol des keltischen Christentums, das die vielfältigen Formen des Sonnenrades, die kosmischen Achse und das Kreuz Christi reflektiert.

FARBE IN DER KELTISCHEN KUNST

Die Farben der traditionellen keltischen Kunst wurden aus natürlichen Materialien hergestellt, jede Farbe hatte eine symbolischen Bedeutung. Das keltische Baumalphabet, Ogham, ordnete jedem Zeichen einen Baum und auch eine Farbe zu. Der Künstler konnte so durch die Wahl der Farben für sein Werk geheime Botschaften ausdrücken. Heute sehen wir nur blanken Stein, wenn wir ein keltisches Kreuz betrachten, doch einst waren sie über und über mit leuchtenden Farben bemalt.

TARTAN

Der gemusterte Stoff, den man Tartan nennt, ist wohl das bekannteste Produkt keltischer Volkskunst. Obgleich nur ein paar wenige Fragmente gefunden worden sind, sind Tartans zweifellos sehr alt. Gut erhaltene Reste wurden in Torfmooren gefunden. Von römischen Schriftstellern wissen wir, daß die alten Kelten hervorragend gewebte Stoffe in bunten Farben hatten, und eine irische Bardenlegende aus dem Mittelalter datiert die Herstellung von Tartans bis ins Jahr 939 v. Chr. zurück. Dieser Legende zufolge hat Tigernmas, der 26. König von Irland, das Tragen von bunten Farben eingeführt. Aus der Anzahl der Farben im Tuch konnte man auf den

UNTEN: *Die leuchtenden Farben dieses Bildnisses von Erward dem Bekenner sind typisch für die keltische Kunst.*

sozialen Status seines Besitzers schließen. Je höher der Rang, desto mehr Farben durfte der Tartan aufweisen. Das Kleidungsstück der Highlands, das *Breacan* genannt wird, ist ein Wollgewebe aus Streifen in verschiedenen Farben, die rechtwinklig aufeinander treffen und regelmäßige Muster bilden. Ursprünglich wurde es aus der langhaarigen Wolle der Hochlandschafe hergestellt, doch diese Rasse ist heute ausgestorben. Die Webart des Tartans nennt man »Twill«, dabei geht der Schußfaden erst über zwei, dann unter zwei Kettfäden durch, wobei ein diagonales Rippenmuster entsteht. Das Verhältnis der verschiedenen Farben eines Tartans nennt man Sett. Die meistem Muster sind symmetrisch, das Sett ist für beide Richtungen, für Schuß und Kette, dasselbe. In Irland und Wales wurden ähnliche Techniken bei der Tuchherstellung verwendet. Das Tuch wurde mit Flechten, Rinden und anderen pflanzlichen Farbstoffen gefärbt, die warme Farbtöne ergaben, die mit der Einführung der modernen Färbemittel allerdings

Das Gemälde von Cumming The Duchess of Gordon Raising the Gordon Highlanders *illustriert die Clan-Zugehörigkeit, die der schottische Tartan verrät.*

verschollen. Für Jäger und Krieger waren die dunklen natürlichen Farben allerbeste Tarnung. Schottland hatte eine hochentwickelte Tartanherstellung, und jeder Ort besaß sein eigenes Muster. Am Tartan konnte man erkennen, aus welchem Ort oder von welcher Insel jemand kam. Ähnlich verhält es sich entlang der Küsten der britischen Inseln mit den farbenfrohen gestrickten Mustern der Pullover.

1830 berichtet James Logan, daß die Weber die Anzahl der Fäden eines Tartans »auf einem kleinen Stöckchen verzeichnen. Die genaue Zahl

DIE UILLEAN PIPES

Die besten Dudelsäcke der Welt sind die irischen Uillean Pipes, die einen Tonumfang ähnlich der Oboe haben. Die Uillean Pipes sind Ende des 17. Jahrhunderts entstanden, ihr Blasebalg wird unter den Oberarm geklemmt. Ihre geniale Konstruktion ermöglicht es, Melodie und Begleitung gleichzeitig zu spielen. Es gibt auf der ganzen Welt kein Handblasinstrument, das der Uillean Pipe gleicht.

der Fäden jedes Streifens erkennt man darauf, das wird bis heute so gehandhabt.«

Historische Beschreibungen von Tartans gehen bis auf das späte Mittelalter zurück. Der schottische Lord Stewart of Garth trug 1488 einen Kriegsrock, der auf einer Seite grün, auf der anderen rot war. Rot war die symbolische Farbe für Krieg, in Friedenszeiten wurde der Rock anders herum getragen. 1538 trug König James V. von Schottland bei der Jagd in den Highlands einen Tartan, und König Charles II. trug bei seiner Hochzeit im Jahr 1662 Tartanstreifen. Eine bardische Chronik aus dem Jahr 1689 erzählt von den Tartans, die die Beteiligten eines Heereszuges trugen. Macneills Rock hatte die Farben des Regenbogens, Maclean of Duart steckte in einem Rock mit leuchtend gelben Streifen, und die Streiter Glengarrys trugen dreigestreifte Tartans.

Die Naturmotive der keltischen Kunst, wie in diesem Pferdegeschirr, verdeutlichen den Glauben der Kelten, daß die menschliche und die natürliche Welt nicht zu trennen sind.

DUDELSÄCKE

Dudelsäcke sind in ganz Europa und Westasien weit verbreitet und blicken dort auf eine lange Geschichte zurück, dennoch denkt man heute zuerst an keltische Länder, wenn vom Dudelsack die Rede ist, denn der Höhepunkt seiner Entwicklung lag in Schottland und Irland. Früher kämpften die irischen und schottischen Krieger zum Klang von Trommel und Dudelsack, weniger kriegerische Instrumente spielten zu Lied und Tanz. Nach der volkstümlichen Überlieferung stammt der Dudelsack aus der jenseitigen Welt. Einst besuchte ein Dudelsackpfeifer vom Clan der Macrimmon die Höhle der Pfeifer bei Harlosh Point auf der Insel Skye. Dort überreichte ihm die Feenkönigin die silberne Tenorpfeife der Feenfrau, mit der er die Dudelsackschule von Borreraig gründete. Wer dort lernte, wurde persönlicher Spieler des Clanoberhauptes, MacLeod von MacLeod. Die schwarze Pfeife vom Clan der

Piper's Cave bei Harlosh Point auf der Insel von Skye, wo ein Dudelsackspieler die silberne Tenorpfeife von einer Fee erhielt.

Chattan, auch eine von alters her überlieferte Pfeife, wurde einst einem Spieler der MacPhersons von seiner Geliebten, einer Feenfrau, gegeben.

In Wales und auf der Isle of Man hat der Dudelsack keine Bedeutung mehr, aber in der Bretagne, Irland und Schottland ist er heute noch verbreitet. Der Dudelsack wird in der Bretagne *Biniou* genannt. Er wird mit dem Mund geblasen und hat nur eine Brummpfeife. Im allgemeinen wird die Biniou im Duett mit der *Bombarde* gespielt, einem durchdringenden Rohrblattinstrument, dessen Klangspektrum eine Oktave unter dem Dudelsack liegt. Das Thema der Biniou wiederholt die Vorgabe der Bombarde. Von allen keltische Instrumenten ist der schottische Dudelsack am bekanntesten und am weitesten verbreitet. Ursprünglich war der *Piob mhor* der schottischen Hochland-Clans ein furchterregendes Instrument, das im Krieg eingesetzt wurde. Er ist der lauteste Dudelsack von allen und wird direkt mit dem Mund geblasen. Wie die bretonischen Instrumente hat er Brummpfeifen, aber nicht nur eine, sondern drei. In Edinburgh wird der älteste gefundene Teil eines Dudelsacks aufbewahrt, er stammt aus dem Jahr 1409. Der Piob mhor entstand, indem dem ursprünglichen Dudelsack weitere Brummpfeifen zugefügt wurden, bis die heutige laut tönende Form mit den drei Pfeifen erreicht war.

Dieser Pferdeschmuck ist nicht nur mit Motiven aus der Natur verziert, seine Form selbst erinnert an eine Blüte.

Königin Victoria führte die Dudelsäcke aus den Highlands bei der britischen Armee ein, auch die aufstachelnden Musikkorps der schottischen Regimenter spielten Trommel und Dudelsack. Sie sind heute noch ein bedeutendes Element im Gepränge des britischen Militärs. Der keltische Dudelsack ist auch in den Musikkorps der Palästinenser und der Iraker zu finden, selbst auf dem indischen Subkontinent wird er gespielt.

Anfang des 20. Jahrhunderts wurde ein Versuch unternommen, nach einem Bericht von

RECHTS: *Ein Bronzekopf schützt einen Kübel, der wahrscheinlich aus dem 1. Jahrhundert v. Chr. stammt. Er wurde in Aylesbury, Kent, gefunden.*

OBEN: *Eine der Figuren in diesem mittelalterlichen Manuskript schwingt einen belaubten Zweig – im keltischen Glauben hat jeder Baum eine heilige Bedeutung.*

Derrick *Image of Ireland* (1581) eine alte irische »Kriegspfeife« nachzubauen. Von einem Dudelsack der schottischen Highlands entfernte man eine der Brummpfeifen und stimmte die Tenorpfeife um. Aber diese nachgebaute irische Kriegspfeife kam schnell aus der Mode.

DER TRUPPENMUSIKANT

Im Zweiten Weltkrieg wurde der alte keltische Kriegsgeist weitergeführt, der im Einsatz des Dudelsacks als Kriegsinstrument seinen Ausdruck fand. Am 6. Juni 1944 führte Bill Millan, der persönliche Pfeifer Lord Lovats, die schottischen Truppen bei der Landung in der Normandie nach alter Tradition mit seinem Dudelsack an.

KAPITEL 4

KELTISCHE MYTHOLOGIE UND VOLKSGLAUBE

»Die Zeit erzählt viele Geschichten.«

IRISCHES SPRICHWORT

ES GIBT KEINE schriftlichen Aufzeichnungen keltischer Mythen und Legenden aus früher Zeit. Die einzige direkte Kenntnis beziehen wir aus Artefakten, deren Bedeutung aus später aufgeschriebenem Material verständlich wird. Zum Glück haben wir viele Dinge aus den Grabstätten bei Hochdorf, Vix und anderswo. Auch kennen wir den Kessel von Gundestrup und den Kalender von Coligny, heilige Darstellungen von Göttinnen und Göttern und Grabbeigaben. In den Mythen spiegeln sich alle Aspekte des Lebens der Kelten, auch wenn sie erst Jahrhunderte nach dem ersten Auftreten der keltischen Zivilisation aufgeschrieben wurden. Aber es gibt auffallende Lücken, wie das völlige Fehlen eines keltischen Schöpfungsmythos und eine Beschreibung des Weltuntergangs. Trotz dieser Lücken sind die keltischen Mythen eine Fundgrube altüberlieferten Denkens, der Ethik, des Rechts und des Brauchtums früherer Zeiten.

LINKS: *Die Steine von Men-an-Tol bei Motvah in Cornwall. Der Stein mit dem Loch stellt die Göttin dar, der aufrecht stehende Stein den Gott.*

Obgleich es keinen ausgewiesenen Schöpfungsmythos gibt, berichtet die keltische Legende, daß die ersten Menschen Bäume waren, die von göttlichen Kräften verwandelt wurden. Der römisch-keltische Schriftsteller Vergil schreibt in seiner *Aeneis*, daß die Wälder »zunächst Heimat sylphischer Mächte, Nymphen und

BAUMKULT

Die keltische Überlieferung berichtet ausdrücklich, daß die erste Frau eine Eberesche war und der erste Mann eine Erle. Im keltischen Schrifttum wird die bardische Tradition oft in Begriffen von Bäumen, Holz und Zimmerei beschrieben. Im Mittelalter schrieb der walisische Barde Iolo Goch (1315-1402):

»Ich werde für Owain empfinden
in metrischen Worten, frisch und langsam,
ununterbrochen, nicht das Fällen der Erle,
durch den Zimmermeister des Liedes.«

Faune waren, und wilder Männer, die aus Baumstümpfen und unbeugsamen Eichen geboren wurden.«

RECHTS: *Im keltischen Glauben haben diese Steine in Rock Close auf dem Gelände von Blarney Castle in Irland magische Kräfte.*

Die keltische Dichtung bezieht sich, wenn es um Bäume geht, nicht nur auf das Ogham-Alphabet, wo jeder Buchstabe einem Baum zugeordnet ist. Im Walisischen gibt es viele Worte für Bewußtsein, Wissen und Schreiben, die das Wortelement *Wydd*, Holz (engl. Wood), enthalten. Da gibt es *Arwydd*, ein Zeichen; *Cyfarwydd*, Information; *Cywydd*, eine Offenbarung; *Gwyddon*, ein Weiser; und *Derwydd*, ein Druide. Die Barden benutzten häufig Begriffe aus dem Bereich Holz als Metapher für Dichtung, Sprache und Lernen, sie nennen sich selbst »Zimmermeister des Liedes«. Im 6. Jahrhundert schrieb der »Erste aller Barden«, Taliesin:

»Ich bin der Vorrat an Liedern,
ich bin ein Deuter,
ich liebe die Zweige und das dichte Flechtwerk.«

1530, tausend Jahre später, schrieb der walisische Barde Harri ap Rhys Gwilym:

»Die Grade und Rollen des Wald-Wissens,
Die Wurzeln der Wissenschaften,
um ein Loblied zu weben.«

Die Bäume, aus denen Mann und Frau geboren wurden, sind die Inspiration und das Material für die keltische Dichtung.

Im allgemeinen sind die keltischen Erzählungen archetypischer Natur. Druiden, Heilige und Zauberer beschäftigen sich mit Magie, sagen die Zukunft voraus und enthüllen Verborgenes. Könige und Krieger verkörpern die edlen Eigenschaften von Gerechtigkeit und Ehrenhaftigkeit, während die Barden mit Vögeln sprechen und Einsichten verkünden. Immer ist die Erkenntnis gegenwärtig, daß diese Welt nicht die einzige Daseinsebene ist. Die jenseitige Welt der Geister, Götter, Göttinnen, Dämonen und Gespenster befindet sich dicht unter der Oberfläche der Wirklichkeit und beeinflußt sie auf vielerlei

LANDSCHAFTSNAMEN

In der keltischen Kultur spielt der Name einer Landschaft eine bedeutende mythologische Rolle. Wie alles in der bardischen Tradition, kann ein Ort mehrere Namen tragen, je nach dem, in welcher Legende oder in welchem Lied er beschrieben wurde. Irland ist zum Beispiel unter vielen Namen bekannt: Insel der Wälder, Land der weiten Grenzen, Insel der Schweine, die Edle Insel und Inis Fail (Insel des Schicksalsteins). Auch unter den Namen allgemeiner Göttinnen oder Stammesgöttinnen ist Irland bekannt: Scotia, Eire, Eriu, F'dla und Banba. Britannien trägt ebenfalls mehrere keltische Namen: Merlins Reich, Insel des Honigs, Insel von Prydain. Jeder Name spielt auf eine historische oder mythologische Geschichte an und schmückt die Beschreibung einer Landschaft aus. So webt der Barde einen dichten poetischen Teppich, der das Leben der Menschen bereichert.

Weise. Keltische Geschichten zeigen symbolisch die allgemeinen Folgen bestimmter Handlungen. Sie sind keine willkürliche Erfindung, denn sie beinhalten Jahrtausende alte Erfahrungen des Menschen, die heute nicht weniger bedeutsam sind als einst.

NAMENSGEBUNG

Es gibt eine Reihe wichtiger Prinzipien in den keltischen Mythen, bei denen der Name einer Sache oder eines Wesens von höchster Bedeutung ist. Die keltischen Lehren sagen, die wahre Essenz eines Wesens ist auf magische Weise in seinem wirklichen Namen enthalten. Wenn wir den wahren Namen einer Sache oder eines Wesens kennen, haben wir Macht darüber. Aus diesem Grund wurden die wahren Namen der Götter nicht oft ausgesprochen, sondern lieber ein Beinamen oder eine Umschreibung verwendet. Namen wie »Der Gehörnte« oder »Der Gutes Vollbringer« waren nicht die wahren Namen der Götter, sondern Beschreibungen ihres Handelns. Auch als die monotheistische Religion aufkam, blieb dieses Prinzip bestehen, der christliche Gott erhielt Beinamen wie »Der Herr«. Im späten

Mittelalter behaupteten die christlichen walisischen Barden: »Es erscheint anmaßend, daß auch nur ein Mensch auf dieser Erde diesen Namen (den Namen Gottes) hören solle. Dennoch nennt ihn jeder und jedes im Innern bei diesem Namen – das Meer und das Land, Erde und Luft, all die Sichtbaren und Unsichtbaren dieser Welt auf der Erde oder im Himmel – die Welten aller himmlischen und irdischen Wesen – jedes geistige Wesen …«

Die keltische Gesellschaft kannte ein System von Tabus, *Geas* ist das irische Wort dafür, die Verbote oder Verpflichtungen waren, die bestimmten Personen oblagen. Auch wenn sie nur symbolischen Charakter hatten, wurden sie sehr ernst genommen. Ein Geas zu mißachten bedeutete, den Rahmen der Gemeinschaft zu verlassen und damit nicht nur sich selbst, sondern auch alle anderen zu gefährden.

Diese Abbildung, die das nördliche Kreuz von Ahenny schmückt, stellt in einer gelungenen Mischung figürlicher und geometrischer Kunst vier ineinander verflochtene weibliche Gestalten dar.

Wer dies tat, wurde geächtet und mit dem Tod bestraft. *Geassa* umfaßten das Verbot, bestimmte Worte oder Namen auszusprechen, bestimmte Nahrung zu essen, an bestimmten Tätigkeiten teilzunehmen oder sich von ihnen fernzuhalten oder zu festgelegten Zeiten bestimmte Plätze aufzusuchen. Geassa schützten heilige Kraftplätze, die nur von reinen Menschen betreten werden durften, und sie behüteten heilige Gegenstände und Riten.

Der Hochkönig von Irland unterlag vielen Geassa, denn jede seiner Handlungen beeinflußte ganz Irland. Der König verkörperte das Land, er durfte keine Fehler machen, denn diese würden sich im ganzen Land widerspiegeln. Solange er sich gemäß den korrekten heiligen Regeln verhielt, wurde das Land in der rechten Weise und in Übereinstimmung mit den transzendenten Prinzipien geführt, und das war gut. Führte er die richtigen Riten durch, sagte die rechten Worte und beachtete die Geassa, fühlten sich die Wesen der anderen Welt nicht beleidigt, und König und Land entgingen einer Bestrafung. Es war eine ehrfurchtgebietende Verantwortung.

GWYNN AP NUDD

Gwynn ap Nudd, einer der Wächter der Unterwelt, war in Wales König der Feen und in der Bretagne der Gott des Jenseits. Jeden Abend im Mai kämpften er und Gwythyr ap Greidawl um die Hand Creiddelads, und sie streiten bis zum jüngsten Tag. Creiddelad war es bestimmt, niemals zu heiraten. Der heilige Berg Gwynn ap Nudds war Glastonbury Tor.

DAS KÖNIGREICH DER FEEN

Die Kelten besitzen ein reiches Wissen über die Geister des Landes. Alle Arten von Geistern sind gut beschrieben und erklärt worden. Geschichten über irische Kobolde und Banshees werden in der ganzen Welt erzählt, aber im keltischen Verbreitungsgebiet finden wir noch viele andere Erdgeister. Werden sie respektvoll behandelt, bringen sie dem Bauern reiche Ernte, dem Jäger fette Beute oder dem Fischer einen guten Fang. Werden sie aber mißachtet oder gar beleidigt, spielen sie Schabernack mit uns oder noch Schlimmeres. Als Zeichen der Ehrerbietung werden abends Essen, Milch und Wasser für die kleinen Leute vor die Tür gestellt.

In vorchristlicher Zeit wurden die Erdgeister wie lokale Göttinnen oder Götter verehrt. W. B. Yeats erklärt in seinem Buch *Irish Fairy and Folk Tales*, daß einst die heidnischen Götter Irlands nicht mehr verehrt wurden und keine Opfergaben mehr bekamen. So wurden sie in der Vorstellung der Leute immer kleiner und kleiner, bis sie schließlich Feen waren. Andererseits wurden die heidnischen Helden immer größer bis sie zu Riesen wurden. Auch die Wächter vor dem Eingang zur Unterwelt waren alte Götter, die selbst unter dem Christentum nicht verschwanden. In Britannien ist das Gwynn ap Nudd, dessen heiliger Berg Glastonbury Tor ist. In Irland und auf der Isle of Man heißt er Midir. Er bewacht den Eingang zur Unterwelt und hält die Dämonen zurück, die sonst aufsteigen und sich über die Welt ausbreiten würden.

Die Daoine Sidh in Irland sind entweder die Überlebenden eines alten irischen Volksstammes oder gefallene Engel, die für den Himmel nicht gut genug und für die Hölle nicht böse genug waren. Oonagh ist ihre Königin, Gefährtin König Fionnbarrs. Sie war einst eine Göttin der Tuatha Dé Danaan. Das kleine Volk bewohnt alte Erdhügel, wandert auf eigenen Feenwegen, und manchmal verwunden sie Mensch und Vieh mit ihren Feenpfeilen. Wie die alten Götter erscheinen sie in großer Zahl zu den Festtagen. Sie streiten zu Beltane (Maifeiertag), feiern an Mittsommer und tanzen mit den Geistern an Lá

In der keltischen Mythologie wimmelt es von Geschichten über koboldhafte Erdgeister, hier dargestellt von Artus Rackham, die im Gegenzug für ihr gütiges Wohlwollen respektvolle Behandlung von den Menschen erheischen.

Samhna (am 1. November). Im Norden von Irland und Schottland kennt man den Gruagach als einen hilfreichen Geist, der sich um das Vieh kümmert, solange er gut behandelt wird. Der irische Leprechaun (Kobold) ist, streng genommen, der Feenschuhmacher, auch wenn der Name heute willkürlich für irische Feenwesen aller Art

OBEN: Die Taufe des Dylan, Sohn der Wellen *von George Sheringham. Die Geschichte von Dylan Eil Ton wird in dem walisischen Epos* Das Mabinogion *erzählt.*

verwendet wird. Lutin in der Bretagne, Phynnoderee auf der Isle of Man und Cluricaun sind Hausgeister. Zwar stehlen sie gern Essen und Trinken, halten aber dem Haus Diebe fern. So wie Hausgeister an bestimmte Häuser gebunden sind, gibt es Geister, die an festen Plätzen draußen wirken. In Britannien taucht vielleicht der helfende Yann-anod zwischen den Sanddünen am Meer auf. Wenn ein Mensch in Irland irgendwo eines gewaltsamen Todes starb, ging sein Geist an diesem Ort als dämonischer Thevshi um.

Das Auftauchen mancher keltischer Geister deutet auf schwere Zeiten oder Tod hin. In Irland gibt es den übernatürlichen »Hungermann«, den Fear Gorta, der Zeiten des Hungerns bringt oder zumindest dann erscheint. Auf der Isle of Man wird er Glashten genannt. Die irische Banshee (Todesfee) ist ein Ahnengeist, der den Angehörigen eine Todesnachricht

BANSHEES

Banshees, auch als die Frauen der Sidhe *bekannt, erscheinen häufig in Gruppen von drei oder neun, immer in fürstlichen Gewändern. Sie weinen und klagen, um einen nahen Tod zu verkünden, und sie verfügen über magische Kräfte. Im Lauf der Zeit wurden sie mit Hexen oder übernatürlichen Wesen in Zusammenhang gebracht. Zuweilen half eine der Unsterblichen von Sidhe einem Menschen. Einige Familien haben ihre eigene Banshee, die ein großes Wehklagen anhebt, wenn der Tod eines Familienmitglieds ansteht.*

überbringt. Jede Familie hat ihre Todesfee, die in der Nähe der Heimstatt der Ahnen wohnt. Ein weiteres Zeichen für einen nahen Tod ist die Bean Nighe, »die Wäscherin an der Furt«, eine Geisterfrau, bleich wie der Tod, die an einer Furt blutbefleckte Kleidung wäscht. Der bretonische Ankou und der Keimach der Isle of Man erscheinen in Kirchhöfen, und wer sie sieht, weiß sofort, daß ihm gerade sein eigener Tod vorausgesagt wurde.

REISE IN DIE ANDERSWELT

Die keltischen Legenden kann man auf vielen Ebenen verstehen. Sie können gute »Märchen« sein, symbolische Geschichten mit vielen verborgenen Bedeutungen, aber auch Lehren bardischer Philosophie. Ein wesentliches Motiv ist der Austausch zwischen der Welt der Sterblichen und der geistigen Welt, bei dem Wissen und Fähigkeiten gewonnen werden.

Das Bild von John Duncan stellt die Götter der Anderswelt dar – das mythische Reich, in dem die keltischen Götter leben.

Häufig erhält ein Mann von einer Feenfrau – oder Göttin – außergewöhnliche Kräfte.

Es gibt Geschichten über schottische und irische Dudelsackspieler, die Musikinstrumente und die Fähigkeit, sie zu spielen, aus dem Feenreich mitbrachten. Eine typische Legende berichtet vom Musikant von Dunmore in Galway, der trotz aller Anstrengungen nur eine Melodie spielen konnte. Eines Nachts spielte er diese Melodie als er eine Brücke überquerte, und ein Tiergeist, der P˙ca na Samhna (der Puck des Novemberabends), wurde von der Musik angelockt, packte ihn und trug ihn auf dem Rücken fort. Er brachte den Musikanten zu einem Fest im Haus der Banshee, wo man ihn aufforderte, zum Tanz aufzuspielen. Er spielte und bekam Geld und einen neuen Satz Pfeifen. Später wurde er zu der Brücke zurückgebracht, und er ging weiter nach Hause. Doch die Reise in die Anderswelt hatte ihn vollständig verwandelt, denn er kehrte als der beste Dudelsackspieler von ganz Irland nach Hause zurück.

Ähnliches berichtet die mittelalterliche schottische Ballade *Ballad of Thomas the Rhymer*. Sie beschreibt, wie die Königin des Elfenlandes dem Barden Thomas von Ercildoune erschien:

Der treue Thomas lag am Hang des Huntlie;
Eine Gestalt entdeckte er mit seinem Blick;
Und er sah eine schöne Dame
Die am Baum des Eildon vorüberritt.

Von grasgrüner Seide war ihr Kleid,
Der Mantel aus feinem Samt;
Die Mähne des Pferdes zierten
Fünfzig Silberglöckchen und neun dazu.

Der treue Thomas zog seine Kappe
Und beugte sein Knie:
»Sei gegrüßt, Maria, Königin des Himmels!
Denn Deinesgleichen kann auf Erden nicht sein.«

»Oh nein, Thomas, nein«, sprach sie,
»Dieser Name gehört nicht zu mir;
Bin ich doch die Königin des Elfenlands,
Und gekommen, dich zu sehen.«

Nachdem die Elfenkönigin nun erklärt hat, nicht die Jungfrau Maria zu sein, nahm sie Thomas mit in ihr Königreich. Sie reisten auf dem überirdischen »dritten Weg«. Dieser Pfad führt weder zum Himmel, dem christlichen Ort der Belohnung, noch zur Hölle, dem Ort der Strafe, sondern zu einem heidnischen Ort, der keltischen Anderswelt. Wie schon andere zuvor, die die Anderswelt zu Lebzeiten betreten hatten, kehrte Thomas verwandelt zurück. Er war jetzt Thomas der Rhymer, ein großer Barde.

Eine walisische Medizinerfamilie, als die Ärzte von Myddfai bekannt, erhielt die ersten Lehren von der Herrin vom See, Llyn-y-Van, aus der Anderswelt. Sie schenkte Rhiwallon, dem ersten Arzt der Dynastie, einen Beutel, der Heilkräuter, Instrumente und Rezepte enthielt. Sie sagte ihm, seine Berufung auf Erden sei es, ein Wohltäter der Menschen zu sein, indem er sie von Schmerz und Krankheit befreie. Die Herrin vom See zeigte ihm einen geheimen Ort, wo alle Heilkräuter der Erde wuchsen. Seit dieser Zeit waren Rhiwallon und seine Söhne persönliche Ärzte ihres Herrn Rhys Greg, der ihnen »in

OBEN: *Im* Mabinogion *wird von Rhiannon erzählt, der walisischen Göttin, deren weißes Pferd mit Leichtigkeit das Reitpferd Pwylls, des Königs von Dyfed, ausstach.*

TALIESIN, DER BARDE

Taliesin, sowohl Prophet als auch Dichter, war einer der ersten Barden, der in die Legende um Artus Einzug hielt, wo er im Zwiegespräch mit Merlin dargestellt wird. Seine Dichtkunst machte ihn berühmt und das Book of Taliesin, *das wahrscheinlich im 14. Jahrhundert zusammengetragen wurde, enthält einige Texte, die von ihm persönlich stammen könnten.*

Myddfai Rang, Land und Privilegien schenkte, damit sie ihre Kunst ausüben konnten, um den Hilfesuchenden Heilung und Erleichterung zu bringen.« Geschenke aus der Anderswelt sind meist Fähigkeiten, wie die Kraft zu heilen, zu singen oder zu dichten. In keinem Fall dürfen diese geschenkten Fähigkeiten für persönliche Zwecke eingesetzt werden, sondern ausschließlich zum Wohle der anderen.

VERWANDLUNGEN DURCH DIE ANDERSWELT

Der Kessel ist Symbol der Inspiration, Fülle und Wiedergeburt. Es gibt zwei keltische Legenden über den Kessel der Inspiration, eine irische und eine walisische. Die walisische Legende erzählt von Kerridwens Sohn Avagddu, der der häßlichste und abstoßendste Mensch der Welt war. Also faßte Kerridwen den Entschluß, einen Trank zu brauen, der ihn zum weisesten Mann der Welt machen sollte. Aus magischen Gründen mußte dieses Gebräu ein Jahr und einen Tag ununterbrochen in Kerridwens Kessel der Inspiration und des Wissens köcheln. Am Ende würden nur drei Tropfen des Trankes übrig sein. Kerridwen stellte den Jungen Gwion Bach an, im Kessel zu rühren, und den blinden Morda, der das Feuer schüren sollte. An dem Tag, als das Gebräu fertig war, spritzten aus Versehen drei Tropfen genau auf Gwions Finger. Er steckte seine Finger in den Mund und erhielt augenblicklich Erleuchtung und magische Fähigkeiten.

Druiden, Seher und Barden bestimmten das religiöse Leben der Kelten. Der größte Barde der walisischen Mythologie war Taliesin.

Als Gwion merkte, daß Kerridwen ihn töten würde, weil er Avagddus Trank gestohlen hatte, ergriff er die Flucht. Kerridwen setzte ihm nach. Durch die Kräfte, die ihm der magische Trank verlieh, verwandelte er sich in einen Hasen, Kerridwen wurde ein Windhund. Dann sprang Gwion in einen Fluß und wurde ein Fisch. Kerridwen verwandelte sich in einen Otter. Alsdann wurde Gwion ein Singvogel und Kerridwen ein Falke. Schließlich nahm Gwion die Gestalt einer Weizenähre an, Kerridwen die eines schwarzen Huhns, das ihn verschluckte. Sie wurde schwanger mit ihm und brachte ihn schließlich zur Welt. Sie hatte beabsichtigt, das Kind nach der Geburt zu töten, doch er war so schön, daß sie es nicht übers Herz brachte. So legte sie ihn in ein kleines, mit Leder bespanntes Boot und setzte es in die Meeresströmung. Das Boot verfing sich in einer Fischreuse, und das Kind wurde gerettet. Später wurde aus ihm der genialste aller Dichter, der Barde Taliesin. Die Geschichte des großen Barden Taliesin ist eine großartige Erzählung von Erleuchtung, Verwandlung, Tod und Wiedergeburt.

Die Geschichte vom heiligen Gral gehört sicherlich zu

den eindrucksvollsten und bekanntesten der keltischen Mythen. Sie ist eine Geschichte spiritueller Hoffnung. Nach dem Fall Roms, zur Zeit König Artus, verheerten Gewalt, Selbstsucht und Gier das Land Logres (der walisische Name für England). Dann hatten die Ritter der Tafelrunde bei einem Fest eine Vision. Ihnen erschien der Heilige Gral, der Kelch der Erneuerung, den Jesus beim letzten Abendmahl benutzt hatte. Sie wußten, wenn sie den Heiligen Gral fänden, könnten sie das zerstörte Britannien heilen und wieder ein gerechtes und blühendes Land daraus machen. So machten sich die Ritter auf die Suche nach dem Gral, und viele ließen unterwegs ihr Leben.

Die Legende vom Heiligen Gral ist eine vollkommene Verschmelzung heidnischer und christlicher Symbolik und Spiritualität. Er ist vermutlich nur eine Illusion, die die Menschen auf eine fruchtlose Suche führt. Der Gralsucher findet den jenseitigen Kessel wahrscheinlich nie in physischer Gestalt, dennoch wird die Suche Früchte tragen, wenn der Suchende sich selbst gefunden hat.

OGHAMSCHRIFT

Das uralte Oghamalphabet, das auch »die geheime Sprache der Dichter« genannt wird, spielte eine bedeutende Rolle in den Lehren der Barden. Das Oghamalphabet umfaßt zwanzig Buchstaben, die in Gruppen zu fünf zusammengefaßt werden. Sie bestehen aus einer Reihe von geraden Linien auf einer Senkrechten, die in einen Stein oder eine Holztafel eingeritzt wurden.

KELTISCHES BAUMWISSEN

Man muß das keltische Baumwissen verstehen, wenn man die keltische Kultur richtig deuten will. Die Druiden verehrten die Bäume Irlands und Britanniens. Sie ordneten jeder Gattung

Willows on the Cam, *Gemälde von Charles Butler. Er feiert in seinen Bildern die Natur und erweckt die heiligen Haine der keltischen Überlieferung zum Leben. Die Weide ist der Baum des Webens und der Bindung.*

verschiedene Eigenschaften und Kräfte zu und beschrieben ihre Wirkung auf physischer und magischer Ebene. Viele Legenden und Lieder über Bäume erzählen davon. Im alten Irland wurden die feinen Qualitäten der Bäume in einem Alphabet mit 25 Zeichen zusammengefaßt. Dieses mystische Baumalphabet wurde Ogham genannt und findet seitdem Verwendung bei Divination und Magie. Die Weisheit der Bäume wurde zu einer Fundgrube alten Wissens, das über viele Generationen hinweg den Eingeweihten in alten Wäldern und heiligen Hainen weitergegeben wurde. Dieses Wissen hat in den folkloristischen Traditionen der keltischen Länder bis heute überlebt. Dermot MacManus, ein irischer Autor des 20. Jahrhunderts, unterteilt die Bäume nach ihrer magischen Kraft: Weißdorn, Haselnuß, Holunder, Weide, Erle, Esche, Stechpalme, Birke, Eiche, Ginster und Kiefer.

Weide, aus der man Körbe und Hürden macht, steht für Flexibilität und schnelles Wachstum. Haselnuß ist der bardische Baum des Wissens, der Fruchtbarkeit, Dichtkunst und Weisheit fördert. Die keltischen Herolde trugen entrindete Haselzweige, und so lange die weißen Zweige zu sehen waren, durfte nicht gekämpft werden. Aus diesem Brauch entstand die weiße Flagge, die Waffenstillstand oder Unterwerfung anzeigte und die heute noch verwendet wird. Mit Haselstöcken wurde das Schlachtfeld abgesteckt, und wenn sich die Herausgeforderten daraufhin nicht innerhalb von zwei Wochen zum Kampf stellten, verloren sie ihre Ehre. Haselnuß ist das bevorzugte Holz für die Stäbe zur Wasserweissagung. Das Holz der Erle ist besonders unempfindlich gegen Wasser, deshalb benutzte man Erlenstämme für die Fundamente von Gebäuden in feuchtem Untergrund. Erle ist der Baum der Gründung.

DIE BIRKE

Die Birke steht an erster Stelle des keltischen Wissensschatzes. Sie ist ein Symbol für Reinigung, denn aus ihren Zweigen werden die Besen gebunden, die Schmutz und Unrat hinwegfegen. Beth, die Birke, ist der erste Buchstabe des Oghamalphabets. Als Maibaum ist sie weit verbreitet. Ein Birkenzweig am Haus soll Glück bringen. Zu Weihnachten wird traditionell ein Scheit aus Birkenholz verbrannt.

Die Kelten verehrten Pflanzen wegen der magischen Kraft, die man ihnen zuschrieb. Das zeigt den Respekt, den sie vor der Natur hatten.

Der Apfel ist das keltische Symbol für Erneuerung und ewiges Leben. Er wuchs in Apfelbaumgärten, die das keltische Recht wie heilige Haine auf heiligem Grund unter einen besonderen Schutz stellte. Das jenseitige Land Avalon, in das König Artus nach seiner letzten Schlacht einging, hieß »Ort der Äpfel«. Die Eiche war Taranis und Daronwy heilig, den Göttern von Donner und Blitz. Von der Eiche selbst nahm man an, daß sie vor Blitzen schützt, vielleicht weil sie den Blitz zum Freund hatte. Vom Blitz getroffene Bäume, die

»hirschköpfigen Eichen«, die einem Geweih ähnelten, wurden als Bäume aus der Anderswelt angesehen. In keltischen Ländern dienten sie als Grenzzeichen, hin und wieder waren sie die Hochzeitseiche, unter der die Paare getraut wurden, oder der Pfarrer hielt seine Predigt unter ihr ab. In Wales war der Bergahorn der Baum der Barden, in dessen Schatten feine Dichtkunst gedieh. Die Linde war in Deutschland und den angrenzenden Ländern der zentrale Punkt des Dorfes, die Dorflinde oder der Dorfbaum. Im Mittelalter war die Linde der Baum der Rechtsprechung, Urteile wurden in ihrem Schatten verkündet und Schuldige gehängt. Die schottische Kiefer war der Baum des Lichtes. Bevor es Kerzen gab, wurden harzige Kiefernspäne zum Beleuchten verwendet. Kiefern wurden als Wegmarken an strategischen Punkten der Landschaft gepflanzt.

SCHUTZBÄUME

Die keltische Lehre kennt bestimmte Bäume, die vor allerlei Übel schützen. Man pflanzte sie neben die Haustür und trug ihre Blätter als Glücksbringer. Der Weißdorn ist einer der

DIE EBERESCHE

Eine Eberesche neben der Gartentür wehrt Hexerei, Unglück und böse Geister ab. Ein altes schottisches Sprichwort sagt:

»Eberesche und roter Faden hält Hexen auf.«

mächtigsten Bäume. Er wächst in Hecken rund um heilige Plätze wie Kirchhöfe oder Friedhöfe. Der Weißdorn ist dem Gott Taranis heilig und schützt vor Blitzschlag und anderem Unheil. Aus Schwarzdorn, auch eine dornige Heckenpflanze, machten Druiden, Zauberer und Hexen ihre Wander- und Zauberstäbe. Der Schwarzdorn hat seine eigenen Schutzgeister, die Lunantishee. Lorbeer, der Baum der Bewahrung, war Nodens, dem Gott des Heilens heilig. Neben der Haustür gepflanzt, soll er ansteckende Krankheiten fernhalten. Mit Bändern geschmückte Lorbeerbäume wachsen mitunter selbst heute noch in Kübeln neben Läden und Restaurants. In Schottland trägt man Wachholderzweige gegen den bösen Blick mit sich.

1778 schrieb Thomas Chatterton in seiner *Miscellanies*: »Gegen böse Freunde … wirken Stechpalme und Eibe als sicheres Gegenmittel.« Die Eibe ist der Baum des Lebens, des Todes und des ewigen Lebens. Fast alle Teile sind hoch giftig, dennoch ist die Eibe der langlebigste Baum Europas. Der Holunder ist der Baum der Hexen, er kann Blitzschlag vom Haus abhalten. An Beltane werden Holunderzweige zu einem Kranz gewunden. Auf den Kopf gesetzt, schenkt er den »zweiten Blick«. Die Esche ist ein Baum des Schutzes, denn sie symbolisiert das Prinzip der Stabilität. Sie ist der kosmische Baum der nordeuropäischen Tradition.

LINKS: *Eine Esche überragt einen Stein, einen Megalith des Steinkreises von Avebury, England, den man auf 2500 v. Chr. datiert. Damit ist Avebury wahrscheinlich die älteste Anlage dieser Art auf der Welt.*

DIE KOSMISCHE ACHSE

Die Verehrung der Bäume beinhaltete eine stillschweigende Anerkennung des kosmischen Baums als Symbol des Universums und der Gegenwart der Anderswelt. Die Wurzeln des Weltenbaums reichen bis in die Unterwelt, sein Stamm erhebt sich in unserer Welt und die Zweige erstrecken sich in den Himmel. Auf seiner Spitze sitzt der Polarstern, um den sich der Himmel zu drehen scheint. Der Maibaum und die runden Kränze sind eine sinnlich faßbare Darstellung der kosmischen Achse. Die späten Lehren der walisischen Barden teilten das Dasein in vier Lebenskreise.

Diese können als Bewußtseinsebenen verstanden werden, aber auch als Welten, die von Gottheiten, Geistern und Menschen bewohnt werden. Die kosmische Achse, die diese Welten verbindet, dient als Kanal für Geister, als Pfad der Schamanen und als Reiseweg der Götter und Helden. Die keltische Geschichte *Der Abstieg nach Annwn* erzählt von König Arthurs Abstieg durch die Achse und seinem Besuch in der Unterwelt.

Das unterste Reich ist Annwn, die Unterwelt. Das ist das »Reich ohne Liebe«, das im allgemeinen als dämonisch und böse angesehen wird. Darüber liegt Abred, die materielle Welt, in der wir leben. In Abred gibt es Gutes und Schlechtes in etwa gleichem Maß, obgleich das Gute die größere Macht hat. Noch weiter oben liegt Gwynvyd, die himmlische Oberwelt, wo engelhafte Güte und Licht vorherrschen. An der obersten Spitze der Achse finden wir Ceugant, das Reich von Hen Ddihenydd, »der uralte anfanglose Eine«, der Schöpfer und Erhalter allen Daseins.

KAPITEL 5

KELTISCHE RELIGION UND SPIRITUALITÄT

Die heidnische spirituelle Sichtweise der Kelten erkannte, daß alles Dasein zyklischer Natur ist und daß es eine direkte Verbindung zwischen der materiellen Welt und der Anderswelt gibt. Die druidische Lehre, die uns durch walisische Traditionen erhalten blieb, wußte um eine unsichtbare Welt, die die sichtbare Welt durchdringt und beeinflußt. Die Dinge sind nicht nur das, was sie zu sein scheinen. Alles existiert auf mehreren Ebenen gleichzeitig. Der Mensch kann den Dingen drei Ebenen zuordnen, eine physische, eine geistige und eine symbolische. So war die keltische Kultur eins mit der Natur und fand ihren Ausdruck in den vielfältigen Möglichkeiten, die das Leben selbst bietet. Die keltische Religion lehrte die Wiedergeburt der Seelen und das Dasein göttlicher Wesen auf Erden.

Diese Figur wurde in Frankreich gefunden. Sie stellt ein gräßliches Ungeheuer dar, dessen Klauen auf Menschenköpfen liegen.

Die heidnischen Kelten verehrten unzählige lokale und allgemeine Götter, Göttinnen und Geister, da für sie die ganze Welt beseelt war. Viele der Götter wurden im keltischen Verbreitungsgebiet unter verschiedenen Namen verehrt. Julius Cäsar berichtet, daß Dis der höchste Gott der Gallier war. Die Druiden lehrten, daß das gallische Volk von diesem Gott abstammt, der der Herr der Unterwelt war. Die Römer setzten Dis mit ihrem höchsten Gott Jupiter gleich. Andere Namen waren Taranucus (der Donnerer), Taranis und Uxellimus (der Höchste). In Irland war Dagda der höchste Gott, dessen Name »der Gute Gott« bedeutet. Er war auch als Ollathair (Allvater), Ruad Rofhessa (Herr des höchsten Wissens) und Aedh (Feuer) bekannt. Teutates ist der bekannteste der gallischen Götter. Nach Julius Cäsar ist Merkur der bedeutendste Gott des gallischen Pantheons, und das ist der römische Name für Teutates. Er war ein überall bekannter Gott, der die Menschen beschützte. Als Clans und Stämme sich allmählich zu größeren politischen Einheiten zusammenschlossen, wurde Teutates zum Beschützter der ganzen Nation.

Der Gott, der in Gallien Belenos und in Südgermanien Beel hieß, war einer der wichtigsten keltischen Götter. Cäsar setzte ihn mit dem

RECHTS: *Die Abbildung aus der New Minister Charter (966 n. Chr.) zeigt König Edgar, von der Jungfrau Maria und dem heiligen Peter flankiert, der Christus die Charta darbringt.*

LINKS: *Aus der irischen Göttin Brigit wurde die christliche St. Brigit (auch St. Bride, hier ein Gemälde von John Duncan). Ihr Fest wird am selben Tag gefeiert wie Imbolc, das Fest der Brigit.*

römischen Sonnengott Apollo gleich, der Licht und Heilung spendet. In Irland wurde er Bíle genannt, »Vater der Götter und Menschen«, er ist der Gefährte der Muttergöttin Dana. Im walisischen *Mabinogion* erscheint Beli Mawr als großer Stammesgeist. Ihm zu Ehren wird in allen keltischen Gebieten das Fest Beltane, Maifeiertag, begangen, um den Beginn der hellen Jahreszeit zu feiern, über die er herrscht.

Die Stämme hatten aber auch eigene Göttinnen und Götter, von denen manche wiederum weiter verbreitet waren. Die Narbonnenser in Antibes in Südfrankreich verehrten den Gott Olloudius, dessen Name »Großer Baum« bedeutet. Lenus war ein wichtiger Stammesgott, der aber von mehr als nur einem Stamm verehrt wurde, ursprünglich ein Gott der gallischen Treviri wurde er auch in Britannien unter diesem Namen angebetet, bei den Siluren hieß er Ocelos. Vellaunus, Gott der gallischen Allobroges, wurde als ein Aspekt des Lenus betrachtet. Die Verehrung von Esus, Stammesgott der Essuvii, war in Gallien weit verbreitet. Der Kriegergott Camulos war der Stammesgott der Remi. Brigantia, Göttin der Briganten in Mittelbritannien, ist in ganz Europa unter dam Namen St. Bridget oder Brigida bekannt, sie ist die Beschützerin der Bergpässe.

BELENOS

Belenos, auch als »der Funkelnde« oder »der Glanzvolle« bekannt, herrscht über das Fest Beltane, den Maiabend, an dem man die Erlösung vom Winter und den nahenden Sommer feiert, obgleich die genauen Riten immer ein Geheimnis geblieben sind.

GÖTTER MIT BESONDEREN AUFGABEN

Da Krieger hoch angesehen waren, gab es einige bedeutende Krieger- und Schlachtengötter. Die Kriegsgötter Belatucadros und Caturix wurden von niederen Soldaten verehrt, während Albiorix, »König der Welt«, ein allgemeiner Kriegsgott war. In Nordbritannien wurde Cocidius als Gott der Soldaten angerufen. Auch der britische Kriegsgott Camulos spielte eine bedeutende Rolle. Möglicherweise leitet sich Camelot, der Name von König Artus Burg, davon ab. Irische Krieger riefen während der Schlacht den Gott Segomo an, dessen Name ein

Epitheton, ein Beiname mit der Bedeutung »Sieger« oder »der Gewaltige« ist.

In der keltischen Religion hatten auch die Götter der Naturkräfte ihren Stellenwert. Leucetius war der Gott des Blitzes, Vintius der Gott des Windes und Vitucadrus der Meister der Tatkraft. Die Götter des Lichtes und des Feuers waren Lugus und Belenos. Die Götter der Meere waren, wichtig für Seefahrer, in Irland Manannan mac Lir, in Wales Manawydden und in Schottland Shony. Die spätere walisische Überlieferung berichtet vom Gott Amaethon (gallisch Ambactanos), Schutzherr der Bauern, und von Daronwy, dem Donnergott, dessen Name im mittelalterlichen Wales ein Beiname für den Christengott wurde.

Naturgottheiten waren den heidnischen Kelten wichtig. Es gab Göttinnen und Götter für jeden Aspekt der Natur, für Bäche und Flüsse, Seen, Berge und Hügel, Pflanzen und Tiere. Manche Gottheiten wurden nur in bestimmten Gebieten verehrt, andere waren allgemeine Naturgottheiten. In Lancaster wurde Ialonus Contrebis,

UNTEN: *Der Steinkreis von Castlerigg bei Keswick in Cumberland, England, steht in einem natürlichen Amphitheater.*

der britische Gott der Waldlichtung, angerufen. Von einem Altar in Saint-Beat schaut der gallische Gott Erriapus, sein Kopf erhebt sich aus dem Laub. Vielleicht ist er der Ursprung des »grünen Mannes«, den man in mittelalterlichen Kirchen sehen kann. In Gallien wurde der keltische Hirschgott Cernunnos genannt. Jedoch gibt es nur einen einzigen alten Hinweis auf den Namen Cernunnos, er stammt von einer unvollständigen gallischen Inschrift auf einem Relief, das in Paris gefunden wurde. Darauf erkennt man eine gottähnliche Figur mit einem Hirschgeweih und je einem Paar Ohren von Mensch und Hirsch. Obgleich dieser Gott in der Antike eine eher dunkle Gestalt war, ist er im modernen keltischen Heidentum zu einiger Bedeutung gelangt.

Wasser war ein wichtiges Element der keltischen Riten. Man verehrte die Göttinnen von heilenden Quellen an heiligen Schreinen, unter anderem Sequana, Sirona und Sulis. Auch wenn die Namen der Göttinnen und Götter in Zusammenhang mit den Flüssen standen, waren die Flüsse aus sich selbst heraus heilig und nicht durch ein Geistwesen, das den Fluß bewohnte. In Britannien gibt es sechs Flüsse mit dem Namen Dee, das sich aus dem keltischen Deva (heilig) ableitet, doch Deva war keine Göttin, wie oft angenommen wird. Das keltische Heidentum kannte viele Wassergottheiten. Der größte Fluß des europäischen Festlandes, die Donau, war dem Gott Danuvius geweiht. In London kennt man heute noch Vater Themse. Die Namen von Flüssen erinnern an keltische Göttinnen. Die Göttin Adsalluta gab den Fluß Savus (Save) in Noricum (Gascogne) seinen Namen. Axona ist die Göttin der Aisne in Frankreich, Sequana der Seine, Matrona der Marne und Ritona der Rieu. In Britannien herrscht die Göttin Clota über die Clyde und Belisama über den Fluß Ribble. Dem Fluß Shannon in Irland wird Sinend zugeschrieben, dem Boyne Boand oder Boann, »Herrin des weißen Viehs« und Gefährtin des Wassergottes Nechtan.

LINKS: *Der irische Meeresgott Manannan mac Lir reitet auf seinem Meeresroß. Man sagt, er war der erste König der Isle of Man.*

DIE KELTISCHEN GÖTTINNEN

In den heidnischen Religionen wird das weibliche Prinzip als gleichwertig, wenn nicht sogar höher angesehen als das männliche. Damit einhergehend hat das keltische Pantheon viele Göttinnen. Die Verehrung der Deae Matres, der Mütter, mit deren walisischem Namen *Y Mamau* heute das »kleine Volk« bezeichnet wird, war in Britannien am weitesten verbreitet. Sie wurden häufig an besonderen Orten als Manifestation der Anima loci angerufen und erhielten Namen, die ihre Aufgabe als Hüterinnen eines Platzes spiegeln. Dennoch schrieb man ihnen universale Eigenschaften zu. Ein Altar in York war den Muttergöttinnen von Afrika, Italien und Gallien geweiht; und eine Inschrift, die in Castlesteads in Schottland gefunden wurde, lautet: »Für die Muttergöttinnen aller Völker«. Eine andere typische Widmung lautet »Für die allumfassende Muttergöttin«.

Das Gesicht der keltischen Göttin Kerridwen wird hier von zwei Schlangen eingerahmt, Symbole der Fruchtbarkeit und des Wassers. Kerridwen war die Hüterin des Kessels der Inspiration.

Die Muttergöttin hatte viele Namen. Im heutigen Westdeutschland wurde sie als Virodactis angerufen. Die eigentliche Große Mutter der Kelten wurde Ane, Anna, Dana oder ähnlich genannt. Gemeinsam mit ihrem Gefährten Beli oder Belinus ist Ana die keltische Urgöttin. Die walisischen Königshäuser von Dyfed, Gwynned und Powys, aber auch die heiligen Beuno, David und Catwg, leiteten ihre Herkunft bis auf Ana zurück, die in christlichen Zusammenhängen als Mutter, Schwester oder Cousine der Mutter Gottes dargestellt wurde. Dana war auch die Mutter der Tuatha Dé Danaan, was der übergeordnete Name der Göttinnen und Götter von Irland ist. Don war das walisische Gegenstück. Der irische Kommentator Cormac (831 - 903) schrieb: »Ana ist die Mutter der Götter von Irland, sie nährte die Götter. Daher ihr Name *Anae*, das heißt Fülle … auch Buanann, Amme der Helden … wie Ana die Mutter der Götter war, so war Buanann die Mutter der Fiann (des Volkes von Irland).« Fuinche war eine Muttergöttin, die besonders die stillenden Mütter beschützte. Sie hatte drei Brüste wie die christliche Heilige Gwen Teirbron, die deren Rolle übernahm.

Die Kelten kannten viele Göttinnen der Liebe, des Überflusses und des langen Lebens. Die nordbritannische Göttin Setlocenia, »die

DER GRÜNE MANN

Traditionell trägt der Grüne Mann am Maifeiertag ein Gewand aus Blättern. Bei diesem Fest werden Riten für Fruchtbarkeit und die Erneuerung des Lebens gefeiert. In ganz Europa findet man Hinweise auf den Grünen Mann; in vielen gotischen Kirchen schaut sein Gesicht aus dem Laub der Reliefs.

Langlebige«, war die Beschützerin des Lebens. Fand war die »Perle der Schönheit«. Aíne, die irische Göttin der Liebe, wurde im County Londonderry und in Tyrone noch im 19. Jahrhundert verehrt. Annona, Göttin der reichen Ernte, wurde mit einem Füllhorn dargestellt. Rosmerta, gallische Göttin der Fruchtbarkeit, hielt einen Stab, eine Schlange und einen Geldbeutel.

Auch gab es Himmelsgöttinnen des Lichtes und der Macht. Grian ist die irische Sonnengöttin, die in Cnoc Gréine bei Pailis Gréine im County Limerick verehrt wurde. In Süddeutschland riefen die Menschen die weiße Göttin Dea Candida Regina an, die Himmelskönigin, die eine Weizenähre und ein Szepter in den Händen hielt. Oonagh, Gefährtin des Fionnbar, war eine Göttin der Tuatha Dé Danaan, die später zur irische Feenkönigin wurde. Aber die Kelten verehrten nicht nur Göttinnen, sonder auch niedere weibliche Geistwesen. Sie kannten Naturgeister wie die Proximae (Verwandte), Dervonnae (Eichengeister) und Wassergeister oder Niskai.

RECHTS: *Das weiße Pferd von Uffington wurde in der Eisenzeit in den Kalkstein geschnitten. Es könnte das heilige Symbol des dort ansässigen Stammes der Atrebaten gewesen sein.*

EPONA

Eine bedeutende keltische Göttin war Epona, die meist auf einem Pferd dargestellt wurde, mit einem Korb voller Früchte als Symbol für Fruchtbarkeit. Epona war die Göttin des Pferdes, das in allen nordeuropäischen Traditionen ein heiliges Tier war. Seine Verehrung war auf dem europäischen Festland und in Britannien weit verbreitet. Allein in Frankreich sind mehr als 300 Schreine bekannt.

DER HEILIGE KOPF

»Von der Erde das Fleisch;
Vom Wasser das Blut;
Von der Luft der Atem;
Vom Calas (Härte) die Knochen;
Vom Salz das Gefühl;
Von der Sonne, dem Feuer, die Bewegung;
Von der Wahrheit das Verständnis;
Vom Heiligen Geist, von Gott, die Seele und das Leben.«

DIE ACHT SUBSTANZEN DES MENSCHEN,
AUS DER WALISISCHEN BARDISCHEN TRADITION

ABGESCHNITTENE KÖPFE

Der Kopf war ein Kultgegenstand, ob tatsächlich abgeschnittener Menschenschädel oder eine Nachbildung aus Holz oder Stein. Er war ein Symbol göttlicher Kraft und unterstützte die Verbindung mit den alten Geistern.

Bevor die Römer Gallien unterworfen hatten, pflegten die Kelten ihren Feinden, die sie in der Schlacht besiegt hatten, die Köpfe abzuschneiden. Das war eine selbstverständliche Sache für sie. Die Köpfe hoch angesehener Personen wurden in Zedernöl konserviert und in besonderen Behältnissen aufbewahrt. Bei bestimmten Anlässen wurden sie hervorgeholt und Besuchern vorgeführt. Es war eine Sache der Ehre, daß diese Köpfe niemals zu ihren Angehörigen zurückkehren durften. Die Kelten glaubten, der Kopf enthalte die Essenz des Menschen. Der Kopfkult nahm einen wichtigen Platz in der keltischen Tradition ein und besteht selbst heute noch an einigen Orten in eingeschränkter Form. Abgeschnittene Köpfe von Feinden wurden auf Stangen gespießt und neben den Festungstoren aufgestellt, aber sie wurden auch als Opfertrophäen wie bei Bredon Hill und Stanwick Hill Fort in England gesammelt. In die stehenden Steine am Eingang des kelto-ligurischen Schreins in Roqueperteuse, Bouches-du-Rhone, in Südfrankreich, sind Nischen eingehauen, in denen Schädel liegen.

RECHTS: *Ein »keltischer« oder »Bradford«-Steinkopf auf dem Dach eines Hauses in Yorkshire. Für die Kelten waren Menschenköpfe Symbole göttlicher Kraft.*

In Linsdorf und in Noves in Frankreich gibt es keltische Skulpturen von Ungeheuern, die abgeschnittene Köpfe in den Händen tragen.

Im Mittelalter sollten Schädel auf magische Weise Festungen schützen. Köpfe und Schädel standen in enger Verbindung mit heiligen Quellen. Suchte ein Kranker Heilung, trank er aus einem Menschenschädel, der niemals von seinem heiligen Platz entfernt werden durfte. Selbst heute noch gebietet der Aberglaube, daß wachende Schädel auf keinen Fall von ihrem Ruheplatz weggeschafft werden dürfen. In Bettiscombe Manor in Dorset, Westengland, gibt es einen Menschenschädel, der um nichts in der Welt das Haus verlassen darf, sonst würden Tag und Nacht schreckliche übernatürliche Schreie im Haus umgehen, bis der Schädel zurückgebracht würde.

Die Insel Inisgloria besitzt eine Reihe von Schädeln, einer soll vom heiligen Brendan, dem Seefahrer, stammen. Früher holten vorüberfahrende Fischer an dieser Stelle die Segel ein, um dem Heiligen ihre Achtung zu erweisen. In keltischen Einflußgebieten, von Drogheda, Rennes, Toulouse bis Konstanz, wurden Schädel sogar in Kirchen verehrt. In den Hügeln von Yorkshire und Derbyshire in Nordengland werden heute noch heimlich keltische Schädel geschnitzt und auf neue Gebäude gesetzt.

VRAN BENDIGAID

Die walisische Legende erzählt von dem britischen König Vran Bendigaid, der in Irland einmarschierte und dort in der Schlacht fiel. Seine Gefolgsmänner schnitten ihm den Schädel ab und brachten ihn nach Britannien zurück. Viele Jahre zogen sie durchs Land. Jeden Abend wurde der Schädel in einem Zelt aufgestellt, wo er weissagte. Schließlich wurde er auf einem heiligen Hügel bei London begraben, dem Bryn Gwyn, dem Weißen Berg. Heute steht dort der White Tower des London Tower. Solange der Schädel hier ruht, ist Britannien vor Überfällen geschützt und unbesiegbar.

OPFER

Menschenopfer waren in vorrömischer Zeit fester Bestandteil der keltischen Religion. Ein Mensch wurde als Opfer auserkoren und dann von hinten mit einem Schwert erstochen. Der Todeskampf des Opfers wurde wie ein Orakel gedeutet. Manchmal wurde das Opfer auch mit Pfeil und Bogen erschossen oder aufgespießt. Die bekannteste Methode der Druiden bestand darin, das Opfer in einem in Menschenform geflochtenen Korb zu verbrennen. In Gallien wurden Männer an Bäumen, die Esus geweiht waren, aufgehängt und erstochen. In Cromm Cruach, Irland, dessen Name »Bluthalbmond« bedeutet, gibt es ein vergoldetes Bildnis von Mag Slécht, dem zu Samhain im Herbst Menschenopfer dargebracht werden.

Auch der Tod auf dem Schlachtfeld wurde als Opfer angesehen. Wer in die Schlacht zog, war den Göttern geweiht, wenn er den Tod fand, war er ein Geschenk für die Götter.

Andraste, »die Unbesiegbare«, war die Göttin des Sieges des britischen Stammes der

RECHTS: *Eine Darstellung von Ogma aus Washington D.C. Ogma war sowohl der Kriegsgott der irischen Tuatha dé Danaan als auch der Erfinder des Ogham-Alphabets.*

OGMA

Icener. Königin Boudicca opferte ihr in einem heiligen Hain, bevor sie gegen die Römer in den Kampf zog. Eine andere britische Todesgöttin war die Schlachtengöttin Agrona, in Irland war die Badb die Göttin des Kriegs und des Todes. Der Name Badb Catha bedeutet Krähe oder Rabe, der Aas liebende Vogel, der die Toten auf dem Schlachtfeld frißt. An der Nordküste der Adria war die Todesgöttin Herecura oder Aericura beheimatet, aber auch die romanisierten Kelten in Süddeutschland opferten ihr.

Julius Cäsar berichtet: »Vor einer Schlacht weihten die Gallier die gesamte Kriegsbeute ihrem Kriegsgott. Hatten sie gesiegt, opferten sie die gefangenen Tiere und sammelten alle anderen Dinge ein. Man kann die Siegesmale sehen, die aus diesen Dingen auf geweihtem Boden aufgebaut werden. Keiner wagt es, die Ansprüche des Himmels zu ignorieren, die Beutestücke zu Hause zu verbergen oder gar von einem Siegesmal zu stehlen, denn diese Vergehen wird mit qualvollem Tod bestraft.«

Zu bestimmten heiligen Festen wurden Tiere, meist Geas (Tabus), geopfert und gegessen. Das heilige Tier der Epona, das Pferd, ist ein berühmtes Beispiel. Auch als das Christentum schon verbreitet war, aßen die Kelten weiter Pferdefleisch an ihren Feiertagen. Pabst Gregor III. (731 - 41) verdammte das Essen von Pferdefleisch als »unreine und verabscheuungswürdige Tat«. Das Kirchenkonzil in Chelsea im Jahr 787 sah es als Schandfleck auf dem Charakter der Briten. Auch heute noch unterliegt Pferdefleisch einem Tabu in Großbritannien. Dennoch war das Pferdeopfer nicht so leicht auszurotten. Im Kloster von St. Gallen in der Schweiz wurde bis ins späte Mittelalter zur Erinnerung an den Gründer, den irischen Mönch St.Gall, Pferdefleisch gegessen.

St. Columba (521 - 597) wird von Christen in Irland und Nordschottland für sein missionarisches Werk verehrt. Er bekehrte die Menschen dort zum Christentum.

Selbst unter dem Christentum blieben Tieropfer ein fester Bestandteil der keltischen Religion. 1589 wurden im Kirchhof von Clynnog Fawr in Wales Ochsen geopfert, »je zur Hälfte für Gott und für Beino«. In Dingwall wurden im Jahr 1678 einige Angehörige des Clans der Mackenzie von hohen Kirchenautoritäten bestraft, weil sie »auf der Insel des hl. Rufus einen Bullen in heidnischer Weise geopfert hatten … damit Cirstaine Mackenzie ihre Gesundheit wiedererlangen sollte …«

TOD UND BESTATTUNG

Julius Cäsar stellte fest, daß Begräbnisse in Gallien eine großartige und teure Angelegenheit waren, verglichen mit dem relativ niedrigen Lebensstandard dort. Alles, was der Tote geschätzt hatte, selbst Tiere, wurde mit ihm zu Grabe getragen. Etwas früher hatte Cäsar geschrieben, daß Sklaven und Lehnsmänner, die der Herr zu Lebzeiten geliebt hatte, ebenfalls geopfert wurden. Die Grabbeigaben umfaßten

RECHTS: *Der Hirsch war den Kelten heilig, er symbolisiert Fruchtbarkeit, Stärke, Schnelligkeit und die göttliche Jagd. Deshalb wurde er manchmal als Tieropfer dargebracht.*

alles, was ein Mensch im Jenseits brauchen konnte. Aus diesem Grunde können die Ausgrabungen heute das Leben der alten Kelten wieder erhellen. Gräber von Edelleuten, die in jüngster Zeit freigelegt wurden, enthüllen kunstvolle Dinge. Man begreift, daß die Kelten eine umfassende Kenntnis der zyklischen Natur des Lebens, der Reinkarnationen und des inneren Zusammenhangs der materiellen Welt und der Anderswelt hatten.

Ein Erdhügel oder ein Steinhaufen wurde über dem Grab errichtet. Manchmal wurden Holzpfosten um die Grabstelle herum und ein Pfahl, ein stehender Stein oder eine Figur in der Mitte aufgestellt. Diese künstlichen Totenhügel waren ein Abbild des Jenseits. Die Toten gingen in den Hügel ein, sie verließen die Welt der Lebenden, um in den Schoß der Mutter Erde zurückzukehren. Die Seele ging in die Anderswelt ein, um sich zu erneuern und schließlich wiedergeboren zu werden. Das persönliche Eigentum des Toten wurde ins Königreich der Feen gebracht, der Grabhügel wurde zu einer Erinnerung an das Leben und Wirken des Gestorbenen. Auch diente er als Wegmarkierung für Wanderer und als Ort der Stille und des Gebets. Als man auf den Britischen Inseln keine Grabhügel mehr errichtete, wurden Steinhaufen als Gedächtnisstätten angelegt. Auch sie markierten die Stelle, wo der Tote gelegen hatte, bevor er auf einem christlichen Friedhof beerdigt wurde. Es ist ein alter Brauch, daß Vorübergehende einen Stein auf den Hügel legen. Das soll ihnen Glück bringen.

Bei einem keltischen Begräbnis hatte alles eine symbolische Bedeutung. Mit dem Begräbnis unter einem Erdhügel wurde der Tote symbolisch nach Caer Sidhe gebracht, der Stadt im Jenseits. Der Verstorbene hatte diese Welt verlassen und ging buchstäblich in die Unterwelt

HEILIGE SEEN

Im Krieg erbeutete Waffen und Schätze wurden in heiligen Seen versenkt. Riesige Schätze lagen am Grund dieser Seen. Der heilige See der Volcae Tectosages bei Toulouse barg kostbares Edelmetall, das die Kelten ihrem Gott Belenos, dem »Scheinenden« geopfert hatten. Der Schatz wurde von den Römern gehoben, die 110.000 Pfund Silber und 100.00 Pfund Gold fortschleppten.

ein. 1980 wurde in Hochdorf bei Stuttgart in Süddeutschland das Grab eines Edelmannes freigelegt. Es enthielt eine stattliche Menge von Grabbeigaben, einschließlich eines vollständigen vierrädrigen Wagens mit einem riesigen Kessel, Trinkhörnern, Waffen und feine Totengewänder. Nichts in diesem Grab schien willkürlich oder zufällig. Selbst die Kleidung des Toten hatte symbolische Bedeutung. Die Kopfbedeckung des Toten bestand aus Birkenrinde, das war der keltische Totenhut.

Edelmänner und -frauen wurden mit Wagen und Karren bestattet. Mit diesen Wagen konnte der Tote durch die Unterwelt reisen. In den reich ausgestatteten keltischen Gräbern wurde ein große Anzahl von Kesseln gefunden. Die bemerkenswertesten sind der griechische »Krater« aus Bronze aus dem Grab einer Edelfrau in Vix, Frankreich, und ein Bronzekessel aus der Begräbnisstätte von Hochdorf. In der keltischen Mythologie gibt es viele Beispiele für den Kessel als Symbol der Fülle und Wiedergeburt. Aus späteren Berichten wissen wir, daß der Kessel der walisischen Göttin Kerridwen und dem irischen Vatergott Dagda heilig war. Unter christlichem Einfluß wandelte sich der Kessel zum heiligen Gral. Der Kessel ist das symbolische Gefäß der Weisheit, der Eingang in die Unterwelt und der Behälter des heilenden, erneuernden Tranks, der die Toten wieder zum Leben erweckt.

DIE ANDERSWELT

Als Heimstatt der Götter angesehen, priesen die Kelten die Anderswelt als einen Ort des ewigen Lebens. Als Loegaire, der Wagenlenker Cuchulains, diesen heiligen Grund betrat, rief er aus: »Am Eingang der Einfriedung steht ein Baum / Aus seinen Zweigen strömt schöne Musik voller Harmonie. / Der Baum ist von Silber, das in der Sonne glänzt. / Er strahlt wie Gold.«

DRUIDISCHE KOSMOLOGIE DIE FÜNF ELEMENTE

Die druidische Kosmologie gewährt uns einen Blick auf die besondere keltische Betrachtungsweise des Daseins. Die besten Erklärungen der druidischen Lehren finden wir im *Barddas*, einer Sammlung walisischer Texte aus dem Mittelalter und in Kommentaren jüngeren Datums, die die Elemente des Druidentums und des Bardentums erläutern. Die Lehren umfassen ein vollständiges System, das in jüngerer Zeit den Einflüssen der christlichen Doktrin unterlag. Dennoch unterscheidet es sich von anderen europäischen und nicht-europäischen religiösen Systemen und vermittelt uns eine Vorstellung davon, was die Druiden der vorchristlichen Zeit glaubten und lehrten. Ein Text beschreibt die fünf Elemente, das sind: »Calas, Flüssigkeit; Atem, Uvel und Nwyvre. Aus Calas besteht jeder Körper, insbesondere die Erde und alles Feste; aus Flüssigkeit sind Feuchtigkeit und Fließen; aus Atem bestehen Wind und Hauch, der Atem und die Luft; aus Uvel ist Hitze, Feuer und Licht; und aus Nwyvre kommen Leben und Regung, Geist und die Seele des Menschen, und aus seiner Verbindung mit den anderen Elementen entstehen die Lebewesen.« Für die Menschen

LINKS: *Maeve (Meb), die mythische Königin von Connacht, sucht einen zauberkundigen Druiden auf, in der Hoffnung, er könne den Untergang Cuchulains bewirken.*

der vor-wissenschaftlichen und vor-industriellen Zeit war das subtile fünfte Element, eine Manifestation des göttlichen Geistes, eine Realität. Es ist ein wichtiges Element der esoterischen Lehren, das in der ganzen Welt unter vielen verschiedenen Namen erscheint. Die alten Griechen sprachen vom *Pneuma*, das die Alchemisten im Mittelalter mit der Quintessenz gleichsetzten, ihrem fünften Element. In der keltischen Überlieferung heißt es *Nwyvre*. Im modernen walisisch bedeutet *Nwyf* Energie, *Nwyfriant* Vitalität und Lebhaftigkeit und *Nwyfre* Himmel oder Firmament.

Im *Barddas* wird die Natur dieser subtilen Kraft erklärt. In ihrer magisch-poetischen Weltsicht sahen die Kelten diese Kraft als nicht-menschliche aber dennoch fühlende Wesen. Sie waren von unterschiedlicher Gestalt, eine jede stand für eine besondere Manifestation des größeren Ganzen. Unter anderem gab es Feen, Kobolde, Elfen, Elementargeister und Drachen. Nwyvre als halb-abstrakte Kraft wird in Gestalt des mythologischen, drachenähnlichen Wesens dargestellt, das in der europäischen Kunst des Mittelalters weit verbreitet war. Das Biest trägt den Kopf eines Raubtieres, die Ohren sitzen an einem Reptilienkörper und es weist nur ein Paar Vorderbeine auf. Es verfügt über Flügel. Der Wyvern, ein englisches Wappentier, ist eigentlich der *Nwyvre*. Er unterscheidet sich vom Drachen dadurch, daß er nur zwei Beine hat, der Drache hat vier. Die Wyvern besitzt nur Vorderbeine, der Hinterleib ähnelt dem einer Schlange. Darstellungen dieses Symboltieres waren im Mittelalter in ganz Europa verbreitet.

BARDDAS

Der walisische Barde und Gelehrte Llewellyn Sion von Glamorgan trug sein Material zusammen und verfaßte das zweibändige Werk Barddas *gegen Ende des 16. Jahrhunderts. Nach und nach wurde es von J.A. Williams ap Ithel übersetzt und herausgegeben. Es ist ein Werk von großer philosophischer Bedeutung und umfaßt nicht nur druidische Lehren, sondern auch christliche Zeugnisse und Episoden.*

KAPITEL 6

DIE KELTISCHE KIRCHE

Der Süden Britanniens war eine Provinz des Römischen Reiches, das im Jahr 313 offiziell das Christentum annahm. Das zog nicht unbedingt Massenbekehrungen nach sich, tatsächlich bestand das Heidentum zunächst neben dem Christentum weiter, auch wenn die Schätze der heidnischen Tempel beschlagnahmt und der christlichen Kirche übergeben wurden. Die Macht des Christentums nahm zu. Bevor sich die Römer im Jahr 410 aus Britannien zurückzogen, versuchten christliche Missionare, die Kelten außerhalb des Kaiserreiches in Irland und Nordbritannien zu bekehren. Im Jahr 397 zog der britische Priester St. Ninian nach Norden in das Land der Pikten, um die Lehren Christi zu predigen. Er baute eine Kirche bei Withorn in Galloway. Eine Generation später, im Jahr 432, brachte St. Patrick die christliche Religion zu den heidnischen Kelten nach Irland. Seine Missionierung war sehr erfolgreich, und Irland blieb unberührt vom wirtschaftlichen und politischen Zusammenbruch Britanniens, dem innere Bürgerkriege und Überfälle von Angeln, Sachsen und Jütländern zusetzten. Die irische Gesellschaft nahm die christliche Religion in sich auf, und eine neue keltische Kirche entstand, die später das Christentum in Britannien erneut verbreitete.

»Drei Gründe für den Gottesdienst: Weisheit lehren, die Kräfte des Geistes kultivieren und sich der Hoffnung erfreuen.«

Theologische Triade Nr. 46 der walisischen Barden

Zwar hatte die römische Herrschaft ein Ende gefunden, die Verbindung der britischen Kirche zu anderen Kirchen aber blieb bestehen. Das keltische Christentum umfaßte Elemente aus dem jüdischen, ägyptischen, griechisch-römischen und druidischen Brauchtum. Die keltische Kirche übernahm Liturgien und Lehren des ägyptischen, byzantinischen und fränkischen Christentums. So wie die Kelten der La Tène-Zeit die Formen der klassischen Kunst modifiziert hatten, übernahmen die keltischen Priester jetzt die besten philosophischen Ideen der genannten Traditionen und arbeiteten sie in eine neue keltische Spiritualität ein.

Die Ruine eines frühchristlichen Heiligtums auf der Insel Lewis, Äußere Hebriden.

»Drei Dinge gab uns Gott:
Frieden, Wahrheit und Wissen.
Wer sie kennt, dessen Aufgabe ist es,
sie anderen mitzuteilen.«

DIE WALISISCHE BARDISCHE TRIADE
VON ST. PAUL UND DEM BARDENTUM, NR. 5.

KELTISCHE HEILIGE

Schon in der Zeit der Druiden, Vaten und Barden haben heilige Männer und Frauen eine wichtige Rolle in der keltischen Gesellschaft gespielt, und das keltische Christentum kennt wahrscheinlich viele Tausend Heilige. Auch wenn sie bei den Christen in hohem Ansehen standen, waren die meisten keine vom Papst in Rom ernannten katholischen Heiligen. Ihre Heiligkeit rührte von der allgemeinen Anerkennung her, nicht aus offiziellen Quellen. Nur wenige keltische Heilige sind über die Landesgrenzen hinaus bekannt wie St. Patrick und St. Brigid. Andere haben nationale Bedeutung wie St. David und St. Columba, wieder andere sind nur in ihrer Heimat bekannt wie St. Teilo und St. Dubricius, die in Südwales viele Kirchen gründeten. Manche sind mit heiligen Plätzen verbunden wie St. Asaph in St. Asaph's in Wales, St. Kevin in Glendalough in Irland und St. Kentigern in Glasgow in Schottland. Die meisten keltischen Heiligen haben nur lokale Bedeutung. In Mythen, Volkssagen und Lebensberichten von Mönchen wird von ihnen erzählt. Da gibt es historische Tatsachenberichte auf der einen Seite und ausgewachsene Mythen auf der anderen.

Obgleich diese Geschichten christliche Tugenden preisen, schreiben viele Episoden den keltischen Heiligen archetypische Qualitäten der alten heidnischen Helden und Götter zu. Die Lebensgeschichten dieser Heiligen sind eine Metapher für eine gute Beziehung zu den göttlichen Kräften und zur Natur, ob sie nun in historischem Sinne wirklich gelebt haben oder nicht.

FRÜHCHRISTLICHES MÖNCHSTUM

»Die drei Wege zur Wahrheit: sie verstehen,
sie lieben und sie suchen.«

THEOLOGISCHE TRIADE NR. 33
DER WALISISCHEN BARDEN

Der Ursprung der christlichen Klöster liegt in der Wüste von Syrien und Ägypten, wo die ersten Mönche ein Leben fern der Zivilisation wählten. Sie lebten ein kontemplatives Leben, um Gott näherzukommen als das in dem profanen Gewimmel und Gewusel der Städte möglich war. Sie strebten danach, das Paradies auf Erden wieder erstehen zu lassen, wenigsten im Innern, indem sie Körper und Geist vereinten, die in ihrer Vorstellung getrennt waren. Sie unterzogen sich geistigen Übungen, um Körper, Geist und Seele zusammenzuführen. Dabei verstanden sie den Leib als Nahtstelle zwischen Himmel und Erde.

Wollte man menschliches und göttliches Dasein vereinen, war es nicht nötig, die Natur zurückzuweisen. Die Väter der Wüste predigten keinen Kreuzzug gegen die Natur, denn sie ist das vollkommene Beispiel für die Schöpferkraft Gottes. Einmal wurde St. Antonius von einem Philosophen, der ihn besuchte, gefragt, wie er als Christ ohne eine Kopie der Schriften leben könne. Der Heilige wies auf die Landschaft um sie her und antwortete: »Mein Buch, oh Philosoph, ist die Natur der geschaffenen Dinge, und es ist immer da, wenn ich die Worte Gottes lesen möchte.«

Andere Mönche taten es St. Antonius gleich und lebten ohne Bücher, selbst ohne die Heilige Schrift, denn sie erkannten Gottes Wirken in der ganzen Natur. Auch keltische Christen sahen den Mensch nicht als außerhalb der Natur stehend und folgten dem Beispiel des Wüstenvaters. Ein walisisches Gedicht aus dem 10. Jahrhundert erhellt den Grundsatz des heiligen Antonius: »Der Vater schuf Wunder in dieser Welt, für die wir nichts Gleichwertiges finden können. Buchstaben können sie nicht enthalten, Buchstaben können sie nicht ausdrücken.« Das tiefe Verständnis, daß Spiritualität in der Natur existiert, ist eines der maßgeblichen Elemente der keltischen Religion.

Der Wandel vom Heidentum zum Christentum war kein plötzlicher umwälzender Bruch,

RECHTS: *Ein Engel fordert Caedmon (ca. 680?), einen ungebildeten Hirten, auf, religiöse Verse zu dichten. Er fügte sich und zog sich für diese Aufgabe in ein englisches Kloster zurück.*

LINKS: *Ein tiefreligiöser Augenblick mystischer Kommunikation mit Gott, den viele keltische Frühchristen erlebten. Die gläubige Ethne hört ihren Namen rufen.*

sondern ein allmählicher Übergang. Natürlich trat die christliche Philosophie anstelle der heidnischen, und die Natur existierte nicht mehr aus eigenem Recht, sondern als Werk Gottes. Doch das keltische Christentum erkannte immer noch, daß eine unsichtbare Welt die sichtbare durchdringt. Es bewahrte sich eine besondere Verehrung der Natur und der Naturgeister, die als Offenbarung der göttlichen Gegenwart wahrgenommen wurde.

KELTISCH-CHRISTLICHES ASKETENTUM

»Drei Dinge muß ein Mensch vermeiden, wie er das Feuer seinem Herzen fernhalten würde: Stolz, Grausamkeit und Begierde. Wo diese drei sind, wird alles Tun gottlos und schädlich.«

THEOLOGISCHE TRIADE NR. 54
DER WALISISCHEN BARDEN

Die geistigen Übungen und Techniken der Wüstenväter verfuhren streng mit Körper und Geist. Die Kelten nannten diese Lebensform »weißes Martyrium« im Gegensatz zum »roten Martyrium«, dem Tod für den Glauben. Anders als viele christliche Märtyrer, mußten die keltischen Vorreiter und Missionare nicht für ihren Glauben sterben. In Britannien und England,

RECHTS: *Die Darstellung aus einem frühen christlichen Manuskript zeigt St. Cuthbert, der eine Seereise unternimmt, um das Evangelium zu verbreiten.*

DAS PARADIES AUF ERDEN

St. Paul von Thebes (gest.ca. 341) und St. Antonius von Ägypten (gest. 356) glaubten nicht, daß der Fall des Menschen unwiderruflich ist. Sie lehrten, daß der natürliche Zustand der Gnade durch spirituelle Übungen wiederhergestellt werden kann. Wenn das Ungleichgewicht erst überwunden ist, könnten Geist und Materie wieder in Übereinstimmung gelangen, und die Menschen würden den ursprünglichen Zustand als Abbild Gottes, das im Gleichklang mit der gesamten Schöpfung lebt, wiedererlangen. Ihre Aufgabe bestand darin, die unnatürliche Trennung der körperlichen von der geistigen Welt zu beenden, damit das Königreich Gottes in der materiellen Welt und im geistigen Reich gegenwärtig werde.

LINKS: *Die Legende berichtet, daß der Heilige Columba auf wundersame Weise die Tore einer piktischen Festung öffnete, eine Heldentat, die ihm die Bekehrung der Heiden erleichterte.*

wo vor der Zeit des Christentums das Druidentum die vorherrschende Religion war, gab es nur wenige Fälle von Märtyrertum. Die ersten keltischen Mönche eiferten ihren östlichen Vorbildern nach und begaben sich in »Wüsten«, unkultivierte, wilde Gegenden, die weitab von den Siedlungen lagen. Die Namen mancher irischer Klöster wie Dysert O'Dea erinnern noch daran. Trotz aller Bemühungen, es den Wüstenvätern gleich zu tun, bewohnten die keltischen Mönche doch ganz andere »Wüsten«.

Die nördlichen »Einöden« unterschieden sich völlig von den heißen, unfruchtbaren Wüsten Kleinasiens und Nordafrikas. Im Norden war es kalt und naß, es gab wilde Tiere und Vögel, von denen manche dem Menschen gefährlich werden konnten. Hier wucherte die Natur, dort war sie spärlich. Obschon die Absicht der Mönche die gleiche war, gab es doch entscheidende Unterschiede zur mediterranen Tradition, wo das Christentum entstanden war. In den heißen Gebieten drohten die unfruchtbaren Wüsten in die menschliche Zivilisation einzudringen und sie auszutrocknen. Im Nordeuropa war es die ungezähmte und wilde Natur, die die zerbrechliche Welt der Menschen zu überwältigen drohte.

Die Gefahren der nördlichen Einöden lagen ganz anders als die der sandigen Wüsten im Süden. Der Mönch mußte passiven Widerstand leisten, um in der trockenen Wüste zu überleben. Im Norden aber mußte er gegen die dynamischen Kräfte der Natur, die ihn töten konnten, aktiv werden. Felsige Landschaften kamen der vom heiligen Antonius und seinen Jüngern bevorzugten Gegend am nächsten. Mit Vorliebe suchten die keltischen Mönche die rauhen Inseln oder andere Plätze direkt am Meer auf. So entstanden auf den felsigen Inseln wie Caldey, Priestholm, Scelig Mhichil und Iona bedeutende keltische Klöster.

RECHTS: *Als St. Cuthbert verwundet darniederlag, kam ein geheimnisvoller, alter weiser Mann auf einem weißen Pferd und heilte ihn durch ein Wunder.*

DIE ZEICHEN DER PRIESTERWÜRDE

Die theologische Tradition der keltischen Kirche entstand aus verschiedenen geistigen Quellen. Die Gründerväter der keltischen Kirche jedoch hatten alle einen druidischen Hintergrund. Für sie war es nur natürlich, die druidischen Konzepte mit den christlichen Lehren zu verschmelzen. St. Patrick sagte: »Christus ist mein Druide« und der gelehrte St.Columbanus wurde »Druidenprinz« genannt. Neben dem druidischen Brauchtum hielten auch Elemente des koptischen Christentums aus Ägypten Einzug. Auch die koptische Kirche war in einem heidnischen Umfeld entstanden und hatte einige Bräuche und Traditionen der alten ägyptischen Religion übernommen. Auf diese Weise entstand ein einzigartiges, ursprüngliches und spirituelles Christentum. Viele der ersten keltischen Kirchenmänner kamen aus alten Druidenfamilien und waren in heidnischer Tradition aufgewachsen. Daher bewahrte die keltische Kirche viele alte Mythen und Bräuche. Die Tonsur und der kahlrasierte Schädel waren seit alters her ein Zeichen der Priesterwürde und wurde von den frühen christlichen Mönchen übernommen. Als das Christentum nach Ägypten kam, war es dort schon seit dreihundert Jahren Brauch, daß die Priester der Isis und der Seraphis sich die Schädel kahlschoren. St. Jerome wies die christlichen Mönche an, ihre Köpfe nicht zu rasieren, damit man sie nicht versehentlich für heidnische Priester hielt. Trotz dieser Warnung blieb die Tonsur als Zeichen der christlichen Mönche erhalten.

ASKETENTUM

Viele spirituelle Übungen waren physischer Natur. Das Buch Lives of the Celtic Saints *berichtet, daß die keltischen Heiligen jede Nacht fasteten und beteten, bis zum Hals im Wasser einer heiligen Quelle oder im Meer sitzend. Lewys Morganwg, ein walisischer Barde des Mittelalters, erzählt, wie St. Illtyd betete:*

»Dem Fasten und Büßen unterzog er sich,
kahlgeschoren, Tag um Tag; jede Nacht verbrachte er eine
Stunde nackt in einer kalten Quelle.«

Wie ihre ägyptischen Vorfahren nahmen die keltischen Heiligen Härten auf sich, um den Versuchungen dieser Welt zu widerstehen.

TÄTOWIERUNGEN

In den heidnischen Zeiten tätowierten die Angehörigen vieler keltischer Stämme ihre Körper mit Mustern, um die heidnischen Götter zu ehren. Aus diesem Grund verbot St. Kentigern das Tätowieren in Britannien. So konnte sich kein Zusammenhang zwischen Tätowierungen und christlicher Priesterschaft entwickeln wie im byzantinischen Reich, wo sich die Christen Kreuze in die Haut tätowierten.

Die Kirche des Ostens imitierte den ägyptischen Brauch, den ganzen Schädel zu scheren. Das ist als griechische Tonsur oder Tonsur des Heiligen Paulus bekannt. Die Kirche des Westens scherte den Kopf in der römischen Tonsur oder Tonsur des Heiligen Peter. Das ist die bekannte Tonsur der katholischen Mönche, bei der nur der obere Teil des Kopfes kahl rasiert wird und ein Haarkranz stehenbleibt.

Die Druiden schoren ihren Kopf ebenfalls auf bestimmte Weise, denn in der keltischen Gesellschaft konnte man anhand der Tonsur den Rang der Person erkennen. Zur Zeit des Heiligen Patrick kannte man in Irland drei verschiedene Formen, den Schädel zu rasieren: *Airbacc giunnae*, die Tonsur der Druiden; *berrad manaig*, die Tonsur der Mönche und Priester; und *berrad magad*, die der Leibeigenen. Ähnlich den Druiden rasierten sich die Mönche ihre Köpfe von Ohr zu Ohr, was die katholische Kirche als Zeichen des Nonkonformismus verdammte.

RECHTS: *Die christliche Abtei auf der heiligen Insel Iona, westlich von Schottland. Das Kloster wurde 536 von St. Columba gegründet.*

In Wahrheit aber ist ein heiliger Mensch nicht an äußerlichen Zeichen wie Kleidung, Schmuck oder Haartracht zu erkennen. Die *Theologische Triade Nr. 39* sagt, durch das Handeln, nicht durch die Erscheinung, manifestiert sich Güte: »Die drei Zeichen eines gottesfürchtigen Mannes: die Suche nach Wahrheit, das Üben von Gerechtigkeit und das Erteilen von Vergebung.« Die keltischen Heiligen, an die man sich mit Wohlwollen erinnert, sind die, die im Lichte der menschlichen Werte erstrahlen, die den Schwachen, Kranken und Armen helfen und die gut zu den Tieren sind.

DIE MENSCHLICHEN WERTE IN DER KELTISCHEN KIRCHE

Die keltische Kirche war eine von Menschen geschaffene Einrichtung, und wie alles Menschliche hatte sie ihre guten und ihre schlechten Seiten. Unter den keltische Heiligen aber gab es ein paar bemerkenswerte Lehrer menschlicher Werte. Das Oberhaupt der walisischen Kirche, St. David, war einer von ihnen. Rhigyfarch schrieb in seiner Biographie *The Life of St. David*:

»Tagtäglich lehrte er und betete auf den Knien und sorgte für seine Brüder, nie ließ er von seiner Aufgabe ab; er speiste die Waisen, Heimatlosen, Witwen, Armen, Kranken, Schwachen und Pilger in großer Zahl. So fing er an, so setzte er sein Werk fort, so endete er.«

Im keltischen Christentum fordert die von Gott gegebene Ordnung, daß die Mitglieder der Gemeinde einander helfen und unterstützen. Die Gemeinschaft kann nicht bestehen, wenn der Einzelne selbstsüchtig ist und die Bedürfnisse der anderen mißachtet. Das Leitprinzip sowohl innerhalb des Clans als auch in der Kirche war gegenseitiger Respekt und Hilfe. Diese Gegenseitigkeit schenkte der Gemeinschaft innere Stärke. Durch die keltische Botschaft von Nächstenliebe und Güte kann sich jeder bei seinen Nachbarn und dem Göttlichen »zu Hause« fühlen. Dieser Lehre folgen auch heutige keltische Christen.

Der geistige Weg der Kelten verlangt, daß wir jede noch so alltägliche Handlung mit Achtsamkeit verrichten. Die geistige Dimension darf aus keinem Teil des Lebens ausgeschlossen werden. Bei dieser umfassenden Weltsicht liegen die geistigen Möglichkeiten überall. Die keltische Religion bietet Meditationen und Gebete für jeden Aspekt des Lebens. Manchmal in Form von Gedichten und Liedern, manchmal in Gestalt von Taten und Handlungen in der wirklichen Welt.

Viele heidnische Kelten tätowierten ihre Körper mit den Symbolen ihrer Götter als Akt der Verehrung, aber auch als Bestätigung ihrer Stammeszugehörigkeit.

Ein Beispiel für diese geistige Achtsamkeit finden wir in dem alten Text *The Mode of Taking Food and Drink*. Er ist aus der alten walisischen Schrift *The Rudiments of Divinity* entstanden. »Wenn du Speise zu dir nimmst, gedenke Seiner, der sie gegeben hat, nämlich Gott, und während du Seinen Namen denkst, nimm mit dem Wort den ersten Bissen in den Mund, danke Gott dafür, erbitte Seine Gnade und Seinen Segen für deine Speise, damit sie deinem Körper und Geist gut tun möge. Dann trinke auf die gleiche Weise. Und für alles andere, was du nicht im Namen Gottes zu dir nehmen kannst, erflehe Seine Gnade und Seinen Segen, sonst wird es Schaden und Fluch über dich bringen.« Jede Arbeit und jede Handlung, auch die weltliche, kann das Heilige zum Ausdruck bringen. Die Verehrung des Göttlichen ist nicht

KELTISCHE WERTE

Die Theologische Triade 64 *der walisischen Barden sagt: »Die drei Zeichen eines rechten Mannes: er liebt die Wahrheit, er liebt den Frieden und er liebt seine Feinde.«*

auf die Kirche oder auf die kurzen Augenblicke des Gebets beschränkt.

KELTISCHE KLÖSTER

Die ersten keltischen Klöster lagen in abgeschiedenen Gegenden, die Mönche lebten in Höhlen oder einfachen Steinhütten. Zunächst, als die Mönche anfingen in Gemeinschaften zu leben, waren die Klöster lose Ansammlungen von Zellen. Im Jahr 563 verließ St. Columba Irland und ließ sich auf der Insel Iona nieder. Das Kloster, das er dort gründete, und die Regeln, die er für die Mönche niederlegte, wurden zum Vorbild für das keltische Klosterleben.

Kaum 200 Jahre später entstand das größte keltische Kloster in Bangor bei Belfast Lough in Ulster, dort sollen 3000 Mönche gelebt haben. Bangor war das Zentrum, von dem aus Missionare bis nach Mitteleuropa zogen. Im 7. Jahrhundert gab es große Klöster in Irland und Großbritannien, deren Missionen bis zum Festland reichten. St. Columbanus, als einer der abenteuerlustigsten Missionare der keltischen Kirche, gründete das Kloster von Luxueil im alten keltischen Land der Vogesen im heutigen Osten von Frankreich als Ausgangspunkt für seine Reisen. Später gründete er ein weiteres Kloster in Fontaines und dann eines in Bobbio in den italienischen Alpen.

LINKS: *Ein koloriertes Manuskript aus dem 12. Jahrhundert zeigt St. Cuthbert, der im Meer zu Gott betet (links), dann werden seine Füße von Ottern getrocknet (rechts).*

Es war eine Zeit unglaublichen Tatendrangs, denn Columbanus und seine Anhänger gründeten in wenigen Jahren etwa einhundert Klöster.

PARCH

Der Heilige David lehrte, daß zwischen Menschen nur eine harmonische Beziehung entstehen kann, wenn wir Parch *haben, das heißt Respekt vor einander und vor den göttlichen Kräften.*

Darunter waren so einflußreiche Zentren wie St. Gall, St. Bertin, Chelles, Jouarre, Jumièges, Noirmoutier, St. Riquier und Remirement. Die Mönche suchten sich die schönsten Plätze auf dem Festland, dem alten keltischen Stammland,

Die Kapelle des St. Govan in Dyfed, Wales. Es wird ein Zusammenhang zwischen St. Govan und Gawain, dessen Grab unter dem Altar der Kapelle liegen soll, vermutet.

für ihre Klöster aus. Unter anderem die Klosterinsel Reichenau im Bodensee, ein Ort mit einem wunderbaren Klima für den Anbau von Äpfeln und anderen Früchten, ein vollkommenes »Avalon«. Die keltischen Mönche legten große Entfernungen auf See zurück, sowohl zwischen bereits existierenden religiösen Niederlassungen als auch um neue abgeschiedene Plätze zu finden. Die irischen Priester errichteten religiöse Stätten auf den Orkneys und den Shetland-Inseln, von wo aus sie nach 700 die unbewohnten Färöer-Inseln besiedelten. Sie und ihre Nachfolger lebten dort bis etwa 860, als sie von skandinavischen Eindringlingen vertrieben wurden. Im Jahr 790 entdeckten irische Kirchenmänner Island, aber sie errichteten keine dauerhafte Siedlung dort.

Eine ausgezeichnete Darstellung des Evangelisten Matthäus, begleitet von seinem Symbol, dem geflügelten Mann, aus den Lindisfarne-Evangelien.

Die keltische Kirche besaß nie den Einfluß der römisch-katholischen, obgleich sie so weit verbreitet war, im Süden bis Italien und im Osten bis Österreich. Die keltischen Klöster standen in Konkurrenz zu den römisch-katholischen, aber da die benediktinische Regel der Römischen Kirche weniger streng war als die des Heiligen Columbanus, verloren die Kelten das Rennen. Schließlich gaben einige keltische Klöster den ungleichen Kampf auf und übernahmen ein paar der benediktinischen Prinzipien. Allmählich verschärfte die Römische Kirche den Druck auf die Kelten, die sich dem Datum des Osterfestes und anderen Bräuchen anpassen mußten.

DER NIEDERGANG DER KELTISCHEN KIRCHE

In der Mitte des 7. Jahrhunderts trat der Konflikt zwischen der keltischen Kirche und der römisch-katholischen im angelsächsischen England offen zutage. König Oswiu von Northumbria beschloß, das Problem zu lösen, und berief im Jahr 664 ein Treffen hoher Kirchenvertreter im Kloster von Steaneshalch (Whitby) ein. König Oswiu akzeptierte die zentralistischen Argumente, die die katholische Fraktion vortrug, und verfügte, daß das keltische Christentum augenblicklich vom römischen Katholizismus abgelöst wurde. Die keltischen Priester, die sich weigerten, Katholiken zu werden, wurden aus

DAS LEBEN AUF IONA

Der englische Mönch Bede schrieb im 8. Jahrhundert, das Kloster von Iona sei bekannt für »Reinheit des Lebens, Liebe zu Gott und Gehorsam gegenüber den Klosterregeln.«

angelsächsischem Gebiet verbannt. Im Jahr 670 folgte auf die Entscheidung der Synode von Whitby eine Synode in Autun in Frankreich, die die benediktinische Regel in französischen Klöstern vorschrieb, die keltische Regel wurde abgeschafft. Diese beiden Synoden läuteten das Ende der keltischen Kirche ein.

Von den keltischen Wurzeln abgeschnitten, verloren die keltischen Klöster auf dem europäischen Festland schnell ihre besondere Identität. In Schottland, Irland und Britannien blühte die keltische Kirche trotz des Verbots bei den Pikten und Angelsachsen weiter. Im 8. Jahrhundert entstand als Antwort auf den Druck der Katholiken eine reformierte geistige Bewegung, die unter dem Namen die »Culdees« bekannt wurden. Die Culdees hielten das keltische Christentum in Irland und Schottland noch lange aufrecht, sie kamen sogar nach England, um zu predigen und zu praktizieren. Aber im Jahr 816 wurde es den Culdees gerichtlich verboten, in England als Priester zu praktizieren. Dennoch verrichteten keltische Priester in der Kirche von St. Peter in York bis 936 den Gottesdienst.

Die keltische Kirche gedieh in Britannien, bis Kaiser Louis der Fromme im Jahr 818 an die Macht kam. Der katholische Kaiser ordnete an, daß alle Klöster in Britannien sofort die keltischen Praktiken aufgeben und dem benediktinischen Orden beitreten sollten. In Schottland und Cornwall jedoch blieb keltisches Brauchtum weiter bestehen. 925 wurde Cornwall von König Athelstan unterworfen, und der katholische Kultus ersetzte die keltische Kirche. Dennoch hielten sich die keltischen Riten inoffiziell bis ins 12. Jahrhundert. In Schottland wurde die keltische Kirche offiziell durch König Malcolm Canmore auf Drängen seiner Frau im Jahr 1069 abgeschafft. Aber auch das hielt die keltische Kirche nicht davon ab, inoffiziell weiter zu bestehen. Die Culdees benutzten teilweise die Kirche in St. Andrews, bis man sie im Jahr 1124 hinauswarf. Doch in abgelegenen, einsamen Klöstern bedienten sich schottische Mönche der keltischen Liturgien bis ins 14. Jahrhundert hinein. 1220 wurde das heilige Feuer der St. Brigid, ein Überbleibsel der alten keltischen Religion, in Kildare, Irland, ausgelöscht.

RECHTS: *Die Figur des Heiligen Hervé (rechts) schmückt die Kirche von St. Anne-la-Palud in Finisterre, Bretagne.*

Die mythische Begegnung des Iren St. Brendan mit dem unglücklichen Judas am Meer – ein Bleiglasfenster von Harry Clarke.

KAPITEL 7

DAS HEILIGE JAHR

DIE ALTEN KELTEN kannten alle Künste und Wissenschaften, die für das alltägliche Leben nützlich waren. Die Druiden als Lehrer und Praktiker waren berühmt für ihre Kenntnisse in Astronomie und das Erstellen von Kalendern. Auch die gewöhnlichen Leute kannten die Namen der Sterne und wußten, wie man die Zeit durch einen Blick zum Himmel bestimmt. Der walisische Barde Amergin sagte:

»Wer zählt die Alter des Mondes, wenn nicht ich?
Wer zeigt den Ort, wo die Sonne zur Ruhe geht, wenn nicht ich?«

Das astronomische Wissen war nicht nur praktischer Natur, es hatte auch eine geistige Dimension, die den Platz des Menschen im Universum spiegelte. Die walisischen Barden lehrten, daß es »drei Arten von Sternen gibt, Fixsterne, die an ihrem Platz bleiben … Wandelsterne, die Planeten genannt werden, es sind 15 an der Zahl, sieben sind sichtbar, acht unsichtbar … und das dritte sind unregelmäßige Sterne, die wir Kometen nennen, ihre Heimat, den Zeitpunkt ihres Erscheinens und ihre Anzahl sind nicht bekannt, auch sie selbst sind unbekannt, bis auf die seltenen Gelegenheiten des Glücks im Laufe der Zeit.« Taliesin erwähnt in seinem Gedicht *Canu y Byd Mawr* (Das Lied der großen Welt) die sieben sichtbaren Planeten. Nach der bardischen Lehre erscheinen die acht unsichtbaren Planeten nur gelegentlich in einem sehr langen Zeitraum.

Die walisischen Astronomen kannten 37 Sternenkonstellationen, von denen die meisten nicht mit den heute bekannten übereinstimmen. Da waren der Große und der Kleine Pflug, die man mit dem Großen und dem Kleinen Bären gleichsetzen kann, die anderen Sternbilder jedoch unterscheiden sich deutlich von den heute gebräuchlichen. Sie sind nach Geschichten oder

RECHTS: *Das schiffsförmige, mit Kragsteinen versehene Gallarus Oratorium in Dingle, County Kerry, Irland. Clochans wie dieser wurden von den ersten heiligen Männern der Christen benutzt.*

Personen aus der keltischen Mythologie und Geschichte benannt. Da gibt es die Harfe des Artus, den Kreis der Arianrhod, den Kreis des Gwydion, den Palast der Don, den Hain von Blodeuwedd, den Stuhl des Teyrnon, den Kessel der Kerridwen, den Bogen des Kriegers und Beleiddyds Leber. Das hoch entwickelte astronomische Wissen befähigte die Druiden, genaue Kalender aufzustellen, und die keltischen Seefahrer vollbrachten große navigatorische Kunststücke, wie die Reisen von Maelduinn und St. Brendan, von denen in den irischen Sagas berichtet wird.

Erde und Himmel wurden in der poetischen Sprache als eine riesige Mühle beschrieben. Der Himmel drehte sich über der Erde rund um den Pol, ein Bild, das der senkrechten keltischen Wassermühle gleichkam. Sie hatte ein Unterhaus, durch das der Mühlenstrom floß. Darin waren die Ruderblätter, die durch eine senkrechte Achse den oberen Mühlstein antrieben. Dieser drehte sich auf dem feststehenden unteren Mühlstein, durch dessen Mitte die Achse hindurchging. Das fließende Wasser im Unterhaus war ein Symbol für die Unterwelt. Die rotierende Achse hatte keinen Kontakt mit dem unteren Mühlstein, der in dieser Kosmologie, in der die Erde eine Scheibe war, die feste Erde darstellt. Die Drehung wird auf den oberen

RECHTS:
Diese Illustration aus dem Mittelalter zeigt den schreibenden St. Dunstan, der im 10. Jahrhundert Erzbischof von Canterbury war. Diekolorierten christlichen Manuskripte der Kelten wurden allgemein für ihre Schönheit bewundert.

DAS BERECHNEN DER ZEIT

Die altirische Saga The Intoxication of the Ulaid *erzählt, daß die Kelten mit Hilfe der Sterne nachts die Zeit bestimmten:*

»Dann sagte der Cú Chulainn, Sohn des Ríangabur:
›Geh hinaus, guter Loeg, und sieh zu den Sternen
und sage, wenn Mitternacht da ist …‹«

Mühlstein übertragen, der den sich bewegenden Himmel über der ruhenden Erde repräsentiert. Der Polarstern, der »Nagel«, steht im Mittelpunkt der wirbelnden Himmel, und die himmlische Mühle mahlt das Korn zu Mehl, das sich verteilt und die Sterne bildet.

DER KELTISCHE ZEITBEGRIFF

»Drei Dinge gibt es, die nicht endlich sein können: Gott, Ausdehnung und Zeit.«

TRIAS DER WALISISCHEN BARDEN

Das keltische Jahr kennt die natürliche Einteilung durch die vier Jahreszeiten und die Zeitpunkte bestimmter Ereignisse wie Viehtrieb, Aussaat und Ernte. Die Kelten ersannen Kalender, die auf diesen natürlichen Zyklen beruhten. Der älteste bekannte keltische Kalender wurde 1897 in Coligny in Frankreich gefunden. Es wurden mehrere Bruchstücke einer Scheibe aus dem 1. Jahrhundert v. Chr. gefunden, auf die der alte keltische Kalender in griechischen Buchstaben eingeritzt war. Er wurde wahrscheinlich zu der Zeit hergestellt, als Cäsars neuer römischer Kalender die älteren Kalender Europas verdrängte. Es handelt sich hier um einen lunaren Kalender. Die Monate begannen an Vollmond. Strabo berichtet, daß die Keltiberianer an jedem Vollmond einem namenlosen Gott ein Opfer vor ihrer Haustür darbrachten; das steht mit der Feier zum Monatsanfang in Einklang, wenn die ganze Familie die Vollmondnacht durchtanzte. In einem solaren Jahr gibt es dreizehn lunare Zyklen, die mit dem solaren Jahreskreis zusammenhängen, aber die Vollmonde decken sich nicht mit dem 365 Tage dauernden Sonnenjahr. Die Urheber des Kalenders von Coligny trugen dem Rechnung, indem sie ein System von dreißig Jahren einführten, das aus fünf Zyklen von 62 Vollmonden und einem Zyklus von 61 Vollmonden bestand. Das umfaßt einen Zyklus, der neunzehn Jahre braucht, bis er an seinem Ausgangspunkt ankommt.

Eine Säule aus Kalkstein, die in Deutschland gefunden wurde. Man sieht die typisch keltischen Muster aus verschlungenen Pflanzen und Gesichtern. (Die Säule ist rechteckig.)

Wie überall in Europa trugen die Monate Namen, die sich auf jahreszeitlich passende Tätigkeiten beziehen. Das keltische Jahr begann im Herbst, etwa zur Zeit des heutigen Oktober, mit dem Monat Samonios, »Samenfall«. Manchmal folgte im dreißigjährigen Zyklus der Monat Mid Samonios. Wurde dieser Monat nicht benötigt, folgte Dumannios, »tiefste Dunkelheit«. Anschließend kamen Riuros, Anagantios und Ogronios, das heißt »Zeit der Kälte«, »Unmöglich das Haus zu verlassen« und »Eiszeit«. Der Frühling fing mit Cutios an, »Windzeit«. Darauf folgte Giamonios, »Schößlinge zeigen sich«, und Simivisionios, »Zeit des Lichts«. Mittsommer war Equos, »Zeit des Pferdes«, eine gute Reisezeit mit schönem Wetter und langen Tagen. Dann kamen die Monate der Ernte,

LINKS: *Ein altes Steingebäude neben der heiligen Quelle von St. Cether. In vorchristlichen Zeiten waren diese Quellen Fruchtbarkeitsgöttinnen geweiht.*

Elembiuos, »Zeit des Landes«, und Edrinios, »Zeit des Richtspruchs«, wenn die jährliche Abrechnung vorgenommen wurde. Den Abschluß des Jahres bildete Cantlos, »Zeit der Lieder«, wenn die Barden ihre Sommerwanderungen beendet hatten und bis zum nächsten Frühling an einem Ort blieben. Die späteren keltischen Kalender hatten den römischen als Grundlage, aber die traditionellen Feste wurden beibehalten.

Jede traditionelle Kultur der Welt kennt die unterschiedlichen Qualitäten der Zeit, zum Beispiel gehörten bestimmte Handlungen nur zum Sonnenaufgang, andere zum Sonnenuntergang. Die traditionellen keltischen Feste standen in Zusammenhang mit dem Sonnenjahr. Manche bezogen sich auf die Länge des Tages. Die Feiern des Mittwinterfestes, die Wintersonnenwende, und das Christfest fallen auf die kürzesten Tage des Jahres, das Mittsommerfest mit Tanz und dem Aufstellen des *y fedwen haf*, des Sommerbaums, fällt auf den längsten Tag. Es wäre unsinnig, diese Feste zu einer anderen Zeit als der richtigen zu feiern. Da die Zyklen des Mondes nicht mit dem Sonnenzyklus übereinstimmen, liegen die Riten und Zeremonien für den Mond auf verschiedenen Tagen. Andere Feste wiederum bezogen sich mehr allgemein auf die Jahreszeit, wie das Erntefest, das dann begangen wurde, wenn die Ernte reif war.

DIE ACHT ZEITSPANNEN DES TAGES

Die keltische Kultur definierte den Tag auf zwei Arten. Es gab den ganzen Tag, irisch »Là«, der von einem Sonnenuntergang zum nächsten dauerte. Und der Tag wurde, ähnlich der Uhrzeit, in acht Spannen zu je drei Stunden eingeteilt. Dieses System war früher in Nordeuropa weit verbreitet. In dem alten walisischen Text *The Divisions of the Day* steht: »So haben sie früher die Zeit berechnet und den Tag eingeteilt, sie zählten acht Teile, jeder Teil mit drei Stunden …«

Da die Kelten der Legende nach aus der Dunkelheit ans Licht kamen, maßen sie Zeitspannen nicht in Tagen, sondern in Nächten. Wenn sie Geburtstage, den ersten Tag des Monats oder Neujahr feierten, folgten sie immer der Regel, daß die Nacht dem Tag vorausgeht. Ein Überbleibsel davon gibt es noch in dem englischen Wort »fortnight« (vierzehn Nächte). Auch Feste wie der Maiabend und Heiligabend erinnern heute noch daran.

GÜNSTIGE UND UNGÜNSTIGE TAGE

In der europäischen Überlieferung gibt es günstige und ungünstige Tage im Jahr. Es wurde für unklug gehalten, an ungünstigen Tagen zum Beispiel auf Reisen zu gehen oder ein neues Vorhaben zu beginnen. Wie alle alten Ärzte, behandelten die walisischen Ärzte von Myddfai Krankheiten und Unwohlsein nach dem Kalender und der Astrologie. Sie schrieben: »Zweiunddreißig Tage im Jahr sind gefährlich … wer an einem dieser Tage geboren wird, lebt nicht lange, wer an diesen Tagen heiratet, wird bald sterben oder in Kummer und Armut leben, und wer an diesen Tagen einen Handel beginnt, wird ihn nicht erfolgreich zu Ende führen.«

Es gab besondere Tage, die Göttinnen oder Göttern zugeordnet waren. In Irland wurde die Göttin Aíne am Mittsommertag verehrt, das Fest für Lugh wurde an Lughnassadh, am 1. August,

DIE ZEITSPANNEN DES TAGES

Die walisische Einteilung der acht Zeitspannen ist folgende: Der Tag beginnt mit Dewaint, die Zeit um Mitternacht, die von 22.30 bis 1.30 Uhr geht. Mitternacht, wie Mittag, liegt genau in der Mitte der Zeitspanne. Dann folgt Pylgeint (Dämmerung) von 4.30 bis 7.30 Uhr; Anterth (die Zeit der Dunstlosigkeit) von 7.30 bis 10.30 Uhr. Nawn (Mittag) geht von 10.30 bis 13.30 Uhr, gefolgt von Echwydd (Ruhe) von 13.30 bis 16.30 Uhr. Anschließend Gwechwydd (Abend oder Zwielicht) von 16.30 bis 19.30 Uhr. Den Abschluß bildet Ucher (Bewölkt oder Verschwinden) von 19.30 bis 22.30 Uhr. Dann beginnt der Zyklus erneut mit Dewaint.

RECHTS: *Diese Illustration aus einem mittelalterlichen Codex zeigt St. Brendan, der sich angesichts der Versuchung durch eine schöne Sirene als standhaft erweist.*

gefeiert. Als das Heidentum verdrängt wurde, übernahm das Christentum die alten Traditionen. Jeder wichtige Heilige bekam einen bestimmten Tag zugewiesen, an dem ein Fest für ihn gefeiert wurde. Manchmal wurden die alten heidnischen Bräuche fortgesetzt, wie beim Fest der Heiligen Brigid am 2. Februar, das an die Stelle des alten Festes der Göttin Brigid rückte. Sonntag wurde ein Tag der Ruhe und des Gebets.

Auch in der Volksreligion wurden die Tage der Heiligen in heidnischer Weise fortgeführt, mit Girlanden, Freudenfeuern, Kirmes, Liedern und Tanz. Die Menschen lebten in Harmonie mit den Jahreszeiten, sie brachten ihr Leben und die Natur in Einklang, wenn sie die Jahresfeste begingen. Das steht in krassem Gegensatz zu den heutigen Lebensgewohnheiten, die den Unterschied zwischen weltlichen und heiligen Tagen und selbst zwischen Tag und Nacht ignorieren.

DAS ACHTFÄLTIGE JAHR

»Ein nebliger Winter, ein frostiger Frühling, ein abwechslungsreicher Sommer, ein sonniger Herbst – das ist ein gutes Jahr.«

ALTES IRISCHES SPRICHWORT

Im 20. Jahrhundert haben Anhänger des Keltentums erkannt, daß man auf Grundlage der walisischen, schottischen und irischen Feste einen achtfältigen Kalender entwerfen kann. Dieser achtfältige Kalender wird heute von vielen Heiden und Anhängern keltischer Traditionen angewendet. Vor der Einführung des christlichen Kalenders teilte die alte britische Zeitrechnung das Jahr in drei Teile. Zunächst gab es den Sommer, der von Cyntevin (9. März nach alter Rechnung) bis zum Kalend (erster Tag des Monats) des Oktober dauerte. Darauf folgte der Winter, der vom 1. Oktober bis zum 1. Februar dauerte. Die dritte Jahreszeit schließlich war der Frühling, der vom 1. Februar bis Cyntevin anhielt. In Britannien wurde das Jahr durch vier Feste eingeteilt, die »die vier Punkte der Sonne« genannt wurden, die Albans oder Elementarpunkte. Das sind die Tagundnachtgleichen und die Sonnenwenden.

OBEN: *Sonnenaufgang über den stehenden Steinen von Callanish, die aus der Bronzezeit stammen, auf der Insel Lewis. Sie sind nach der Sommersonnenwende ausgerichtet.*

und der Nation, sie werden unter Einhaltung von 40 Tagen bekanntgegeben … es ist das Privileg der Barden, den Festen vorzustehen und die drei Gaben entgegenzunehmen, Weizen, Milch und Honig.« (*Barddas: Theology.*)

Andere keltische Feste wurden nicht durch den Lauf der Sonne festgelegt, das Neue Jahr wurde zu verschiedenen Zeitpunkten gefeiert. Im *John Jone's Almanack*, der 1752 in Wales herausgegeben wurde, steht, daß in der alten Zeit, noch vor den Tagen Prydains, das Jahr zu Alban Arthuan anfing, das war am 9. Dezember. In Irland wurde Neujahr lange an Oíche Shamhna und Là Shamhna begangen, das nun als Samhain bekannt ist. Das gilt als der Anfang des

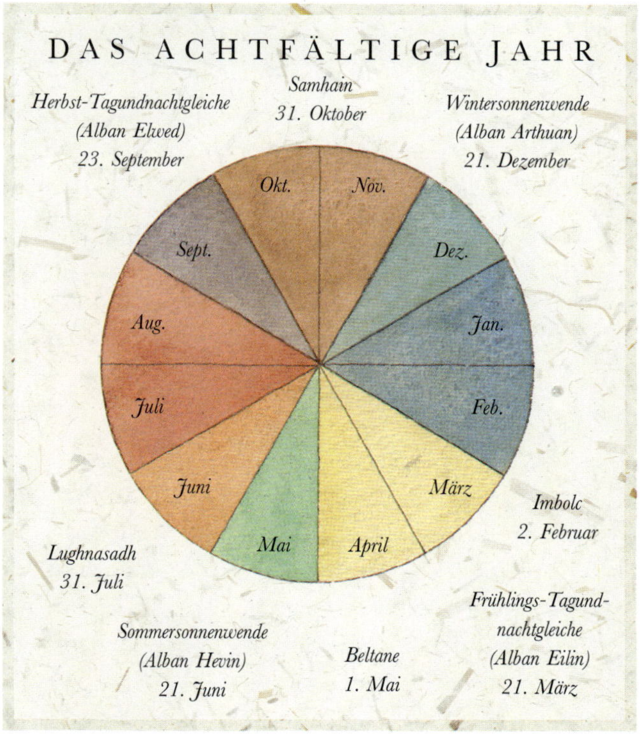

Alban Elved, die Zeit der Reife, ist der Herbst-Tagundnachtgleiche. Bevor der Alte Kalender 1752 in den Neuen Kalender geändert wurde, fiel Alban Elved, das Herbstfest, auf den 1. Oktober. Alben Arthuan, Zeit der Härte, fällt auf den kürzesten Tag, die Wintersonnenwende. Im Alten Kalender fiel dieses Fest auf den 1. Januar (Neujahrstag). Dann folgt Alban Eilir, »Zeit der Erneuerung«, zur Frühlings-Tagundnachtgleiche. Den Abschluß bildet Alban Hevin, »die Zeit des Sommers«, die Sommersonnenwende.

»Es gibt drei allgemeine Festlichkeiten, nach der Ordnung und den Regeln der Barden der Britischen Insel. Das erste sind die Feste der vier Albans; das zweite die Feste der Verehrung zu den Mondvierteln; drittens die Feste des Landes

OBEN: *König Artus und seine Ritter sitzen um die Tafelrunde, in deren Mitte der Heilige Gral steht.*

achtfältigen Jahres. Das nächste Fest ist Alban Arthuan, die Wintersonnenwende. Dann folgt St. Brigid am 2. Februar, an diesem Tag wird auch das weitverbreitete christliche Lichtmeß gefeiert. Dieses Fest ist auch als Oimelc oder Imbolc bekannt, das im walisischen Kalender das Ende des Winters kennzeichnet. Dann kommt die Frühlings-Tagundnachtgleiche, Alban Eilir. In weiten Teilen der Britischen Inseln gibt der Maiabend, Là Bealtaine, anglisiert als Beltane, den Beginn des Sommers an. Dann wird der Maibaum aufgestellt und reinigende Freudenfeuer angezündet. Mittsommer, Alban Hevin, ist das nächste Fest, gefolgt vom Fest der ersten Ernte, Là Lúnasa oder Lammas, bei dem die erste Garbe der neuen Ernte auf den Altären geopfert wird. Als nächstes folgt die Herbst-Tagundnachtgleiche, Alban Elved, und das achtfältige Jahr endet zu Samhain. Auch wenn die alten Kelten, soweit

SAMHAIN

Samhain markiert den Übergang von Sommer zu Winter. Zu dieser Zeit wurde das Vieh geschlachtet, das während der harten Wintermonate nicht am Leben erhalten werden konnte. Heute ist Halloween oder Allerheiligen an seine Stelle getreten, denn Samhain war schon immer auch ein Ritus für die Toten. Es war ein Fest des Friedens und der Freundschaft, und die Krieger ließen ihre Schwerter stecken.

heute bekannt ist, das achtfältige Jahr nie in dieser Form begingen, ist es eine moderne Anerkennung des keltischen Zyklus, und es ist äußerst passend.

»Mache keinen Brauch,
und brich keinen Brauch.«
ALTES IRISCHES SPRICHWORT

DIE FESTE

WINTER

Im alten Irland fing das Jahr mit Samhain an. Das ist der Winterabend, auf walisisch *Nos Galan gaeaf* genannt. Dieser Tag bezeichnet des Beginn der kalten Jahreszeit, wenn man sich des schwindenden Lichtes deutlich bewußt wird. Samhain war das keltische Fest der Toten, das mit zeremoniellen Freudenfeuern gefeiert wurde. Indem sie ein Bildnis der Sorgen und Schrecken des vergangenen Jahres verbrannten, befreiten sich die Menschen von alten Lasten und machten sich bereit für das Neue. Für die alten Kelten war es eine Zeit der Begnadigung. In Tara, dem königlichen Mittelpunkt Irlands, wurde sieben Tage lang gefeiert. Der eigentliche Festtag war in der Mitte der Woche.

Samhain ist eine »unheimliche« Zeit, denn es ist eine Zeit des Wandels, wenn sich die Welt der Lebenden und die der Toten für einen Augenblick begegnen. Die Trennlinie zwischen den beiden Welten ist dünn, und die christliche Form von Samhain, Halloween ist eine Zeit, in der Dämonen, böse Geister, Hexen und Geister umgehen sollen. Zu Allerheiligen und Allerseelen werden die Seelen der Verstorbenen geehrt. In Schottland und Wales wurde früher das Samhain Feuer am Winterabend entzündet, dieser Brauch wird heute von der Nacht der Freudenfeuer übernommen (Guy Fawke's Day, 5. November).

Am Vorabend des Winters werden die normalen Regeln außer Kraft gesetzt, und es ist üblich, in schrecklicher Verkleidung zu erscheinen. Man geht mit Masken, Stroh- und Binsenhüten, geschwärzten Gesichtern oder als Transvestit. Ein geheimes altes walisisches Lied für *Nos Galan gaeaf* drückt die unheimliche Natur dieser Nacht aus:

»Winterabend, es locken die Äpfel.
Wer kommt mit uns zum Spiel?
Eine Dame in Weiß auf dem Baum
Schnitzt einen Regenschirm.
Ein Uhr, zwei Uhr,
Es ist Zeit für die Schweine zu fressen.«

RECHTS: *Der Lia Fail Einweihungsstein auf dem Hügel von Tara im County Meath, Irland, wo Samhain gefeiert wurde.*

WEISSAGUNG DER ZUKUNFT

Der Abend vor dem Winteranfang eignet sich besonders, um mit Hilfe der Geister die Zukunft vorherzusagen. Man benutzte Äpfel, Kerzen und Nüsse, um das Los der Menschen im kommenden Jahr zu bestimmen. Eine andere Methode wurde zu Samhain angewendet, man goß geschmolzenes Blei oder Wachs in Wasser und deutete die entstandenen Formen.

Alban Arthuan, die Wintersonnenwende, kennzeichnet Tod und Wiedergeburt der Sonne. An diesem Tag verbringt sie die kürzeste Zeit über dem Horizont, geht am weitesten im Süden auf und unter und steht zur Mittagszeit am niedrigsten. Wenn das Licht seinen tiefsten Punkt erreicht hat und nun wieder aufsteigt, ist das nach altem Brauch eine Zeit des Feierns. Ein Eschen- oder Eichenscheit wird rituell verbrannt, dann werden Asche und Kohle auf den Feldern verteilt, um Fruchtbarkeit zu fördern. Wie Samhain dauert das Mittwinterfest mehrere Tage um den eigentlichen Festtag herum, insbesondere Weihnachten und Neujahr.

Viele Religionen feiern die Geburt ihres Begründers zur Wintersonnenwende. Die Geburt Jesu wurde einige Jahrhunderte lang am 28. März gefeiert, ehe die Christen beschlossen, es den Verehrern von Dionysos und Mithras gleichzutun. Seitdem wird Weihnachten am 25. Dezember gefeiert. In den keltischen Ländern war es Brauch, am Tag nach Weihnachten einen Zaunkönig zu jagen, den »König der Vögel«. Er wurde in einem mit Bändern geschmückten Kästchen um das Dorf getragen. Das brachte »Freude, Gesundheit, Liebe und Frieden« für das kommende Jahr. In Schottland hat Hogmanay, Neujahr, heute noch eine größere Bedeutung als Weihnachten.

VOM FRÜHLING ZUM SOMMER

Anfang Februar wird Imbolc oder das Fest der Heiligen Brigid, L'fhéill Brighde, begangen. Dann regen sich die ersten Samen in der Erde und die lammenden Schafe geben Milch. Dieser keltische Feiertag heißt heute Lichtmeß, das christliche Fest der Reinigung der gesegneten Jungfrau Maria, bei dem um Mitternacht

LINKS: *Mit einer goldenen Sichel (Vordergrund) schnitten die Druiden zu Samhain Misteln von Eichbäumen, während zwei weiße Stiere geopfert wurden.*

OBEN: *Sonnenaufgang zur Wintersonnenwende in Stonehenge. An diesem Heiligtum ging es um Tod und Wiedergeburt der Sonne.*

Fackeln oder Kerzen angezündet werden. Feuer ist das Element der Brigid. In ihrem Schrein in Kildare halten 19 Nonnen eine ewige Flamme am Leben. Mit Imbolc beginnt das Frühlingsviertel des Jahres, das zunehmende Licht wird durch die heidnische Fackel und die christliche Kerze symbolisch dargestellt. An diesem Tag fing das alte schottische Jahr an. Ein altes irisches Sprichwort lautet: »Übermorgen ist gut, von heute aus betrachtet«, sagt Brigid. »Jeder Tag ist gut, von heute aus betrachtet«, sagt Patrick.

Alban Eilir, die Frühlings-Tagundnachtgleiche fällt auf die Tage um den 21. März und wird als der erste Tag des Frühlings angesehen, wenn die Tage länger als die Nächte werden. Im Unterschied zu den anderen Festen, fällt Ostern jedes Jahr auf ein anderes Datum. Der Tag wird mit Hilfe komplizierter Berechnungen festgelegt und hängt vom Stand des Vollmonds in Relation zur Frühlings-Tagundnachtgleiche ab. Diese Variabilität des Osterfestes führte zum Untergang der keltischen Kirche, die Ostern zu einem anderen Zeitpunkt feierte als die Römisch-Katholische Kirche. Das führte schließlich zu der Synode von Whitby im Jahr

TAG DER HEILIGEN BRIGID

In Irland bindet man St. Brigids-Kreuze aus Binsen oder Stroh und hängt sie im Haus als Schutzzauber auf. Ein Stück Tuch oder ein Band am Tag der Heiligen Brigid vor die Tür gehängt, soll Heilkräfte erhalten. Auch stellt man Opfergaben für die Heilige vor die Tür.

664, nach der die keltische Kirche die Praktiken der Römisch-Katholischen Kirche annehmen mußte.

Der Maifeiertag, Là Bealtaine oder Beltane, ist der erste Tag des Sommers. Es ist die Zeit der mystischen Vereinigung, wenn die Pflanzen in vollem Wachstum und im Einklang mit ihrer Umwelt stehen. Früher war es Brauch, am Abend vor dem 1. Mai bei Sonnenuntergang alle Feuer zu löschen, so daß das Element Feuer die Nacht über abwesend war. Bei Sonnenaufgang entzündete man rituell ein neues Feuer, indem man einen Holzstab in einer hölzernen Vertiefung rieb, um das Beltane oder Notfeuer in Brand zu stecken. Holz von neun verschiedenen Bäumen wurde verbrannt. Es brannte in der Mitte eines Quadrats aus neun Torfsoden, die acht äußeren aber wurden entfernt. Die Menschen sprangen durch die Flammen, um sich zu reinigen. Manchmal brannten zwei Feuer und man trieb das Vieh in der Mitte hindurch. In jedem Haus wurden die Herdfeuer am Beltanefeuer neu entzündet.

RECHTS: *Eine späte Darstellung der mittelalterlichen Szene, in der Christus Satan überwältigt, ein Symbol für den Sieg des Lichts über die Dunkelheit.*

Wegen der direkten und starken irdischen Kraft von Sexualität und Wachstum konnte die Kirche Beltane nicht so einfach übernehmen wie andere heidnische Feste, und so blieb die Verbindung mit dem Lichtgott Bel oder Belenos erhalten. Traditionell war der Maifeiertag eine Zeit der Hochzeiten und sexuellen Freuden, eine Maikönigin wurde gekrönt und überwachte die Festlichkeiten. In England fingen die Moriskentänzer bei Sonnenaufgang am 1. Mai zu tanzen an. Es war Brauch, die Türen der Häuser mit Blumen und Zweigen zu umkränzen, das sollte Glück für den Sommer bringen. Maibüsche oder Maibäume wurden aufgestellt, um die herum die Menschen tanzten.

DIE ABSTEIGENDE SONNE

Alban Hevin, Mittsommer, ist der längste Tag und die kürzeste Nacht des Jahres. Die Sonne geht am weitesten nördlich auf und unter, ist die längste Zeit über dem Horizont zu sehen und erreicht ihren höchsten Punkt am Himmel. Viele

Steinkreise sind auf den Aufgang der Sonne an diesem Tag ausgerichtet, der bekannteste von ihnen ist Stonehenge. In Irland wurde die Liebesgöttin Áine zur Sommersonnenwende mit Festlichkeiten verehrt.

So wie sich Beltane vom alten keltischen Gott Belenos herleitet, kommt der vorchristliche Name Lughnassadh von Lugh, dem Gott des Handwerks und der Weisheit. Lughnassadh oder Lammas wurde am 1. August gefeiert und bezeichnete den Beginn der Ernte. Der erste Laib Brot wurde gebacken. Das Fest versinnbildlicht den Genuß der Früchte der Arbeit im Jahreskreis, wenn »John Barleycorn« (Gerstengarbe) geschlachtet wurde. Mit diesem Fest ehrte man Annona, die Göttin der reichen Ernte. Lughnassadh kennzeichnete das Ende der Reifezeit und den fortschreitenden Abstieg Richtung Tod im Winter. Die Früchte der vollbrachten harten Arbeit wurden geerntet und eingebracht. Im Leben eines Handwerkers symbolisierte das die Zeit, wenn nach den Jahren des Lernens und Übens die Früchte der Mühen, die Meisterschaft, erreicht wurde. Früher fanden zu Lammastide große Arbeitsmärkte statt, wo man auf Brautschau ging, sich in Wettkämpfen maß und auch das ernste Geschäft betrieb, Arbeitskräfte für das neue Jahr zu finden.

Alban Elved ist die Herbst-Tagundnachtgleiche, die Zeit, wenn das Licht für ein halbes Jahr dem Dunkel weicht. Es war das Erntefest, das reif gewordene Ergebnis des Ackerbaus.

EINMAL DURCH DAS JAHR

Viele Bräuche werden von einer Generation an die nächste weitergeben und auf diese Weise aufrechterhalten. Meist geschieht das in einer gewissen Heimlichkeit. Wenn es Zeit ist, erscheinen die Menschen dann in der Öffentlichkeit und führen ihre Zeremonien aus. Bei den keltischen Jahreskreisfesten gibt es die Weihnachtsspieler, die Zaunkönig-Buben am Boxing Day und die Pace-Eggers (Eierläufer) zu Ostern. Sie tragen besondere Kostüme, spielen Musik und singen nur für diese eine Zeremonie bestimmte Lieder. Sie tragen Masken und Verkleidungen, die die Gestalt verändern, und färben sich die Gesichter, um ihre individuelle Identität zu verlassen.

Vermummte spielen zur Weihnachtszeit in ganz England Tod und Wiederauferstehung.

In den zwölf Rauhnächten kommen die Moriskentänzer ans Tageslicht. Sie tragen Kostüme aus bunten Fetzen, schwärzen sich die Gesichter und schleppen furchterregende Stöcke. Mit ihren Tänzen treiben sie das Böse aus und locken das Gute herbei. Am 1. Mai tanzen manche in grünes Laub gekleidet als »Hans-in-Grün« um den Maibaum. Andere kostümieren sich als Tiere und tanzen mit den Nachtschwärmern. Ob es Zuschauer gibt oder nicht, die meisten Zeremonien werden auf jeden Fall durchgeführt, denn die Aufführung selbst ist für diesen Tag wichtig.

KAPITEL 8

KELTISCHE LANDSCHAFTEN

DAS LAND IST DIE NÄHRMUTTER allen Lebens. Ohne Verbindung mit der Erde hat die Kultur der Menschen keine Basis. Alles, das mit der keltischen Kultur zusammenhängt, ist mit der Landschaft verbunden. Das Land der Kelten lebt mit Mythen, Geschichten und Heiligkeit. Das Volkswissen lehrt, wenn man den Geist eines Ortes anerkennt, können wir dort göttliche Ideale lebendig werden lassen. Wenn im Land geistige Ordnung herrscht, wird auch in der Gemeinschaft der Menschen Ordnung herrschen. Dann wird es Frieden und Fülle geben, Felder und Herden werden gedeihen.

Stonehenge ist wahrscheinlich der heiligste Ort der Kelten.

An heiligen Plätzen kann man die enge Beziehung zwischen Menschen, Göttern, Natur und unseren Ahnen wahrnehmen. Auch universelle Gottheiten können an heiligen Plätzen anwesend sein. Dazu zählen elementare Gottheiten wie die Geister von Wasser, Erde, Donner und Luft, Personifizierungen der Erdmutter und begriffliche Gottheiten wie Göttinnen und Götter von Wohlstand und Frieden. An bestimmten Plätzen gibt es auch eingewanderte Gottheiten, deren Ursprung an anderen Plätzen oder gar in anderen Ländern liegen, dennoch können ihre Grundideen an diesem heiligen Platz angerufen werden.

ANIMA LOCI

Ein heiliger Ort der Kelten wurde durch Anrufung eines heiligen Wesens dort verehrt. Das kann eine Manifestation der Anima Loci, *der Seele des Platzes, sein, die in einem Baum, einem Stein oder in einer Quelle gegenwärtig ist. Auch verstorbene Menschen, die als Helden oder Heilige angesehen werden, können an bestimmten Orten verehrt werden. Nach dem keltischen Glauben sind der Mensch und das Göttliche Aspekte ein und derselben Wirklichkeit. Der Strom des Lebens, von dem wir Menschen und Tier- und Pflanzenreich ein Teil sind, umfaßt auch die Welt der Geister. Wir haben denselben Ursprung und dieselbe Natur wie himmlische und göttliche Wesen und, wie diesen, steht uns der gleiche Respekt zu.*

KELTISCHE FELDER

In vielen Gegenden Britanniens kann man heute noch alte landwirtschaftliche Überreste, sogenannte keltische Felder, sehen. Sie sind quadratisch oder rechteckig und reichen in der Größe von einem Drittel bis zu eineinhalb Morgen. Die Größe entsprach dem Land, das an einem Tag gepflügt werden konnte und richtete sich nach

Der Riese von Cerne Abbas in Dorset, England, dessen Umriß aus Kalkstein besteht. Man nimmt an, daß dieses eindeutige Fruchtbarkeitssymbol ein Ort für Beltane-Rituale war.

der Bodenbeschaffenheit. An manchen Orten wurden Terrassen in vollkommener Harmonie mit der Landschaft, sogenannte Rainstufen, angelegt, die die Bodenerosion verhindern sollten. In weniger günstigen Gegenden legten die Kelten sogenannte »Lazybeds« (Faulenzerbetten) an, ein Anbausystem, das dürres Land fruchtbar machte. Man brachte gute Erde in Einfriedungen aus Stein auf den kargen Boden und schuf so fruchtbare, ein bis drei Yards (0,90 - 2,70 m) breite Streifen, die für dieses Land unglaublich zweckmäßig waren. Man fügte Torf hinzu, zerkleinerte Muschelschalen und Tang. Das verrottete und ergab einen außergewöhnlich guten Boden. Nur durch die »Lazybeds«, die ein Stück harte Arbeit waren, vermehrten die keltischen Bauern die Fruchtbarkeit des Landes, und das war eine heilige Handlung. Mönche legten »Lazybeds« auf den kargen Inseln an, und später, während der Highland-Rodungen, wurde die Methode von den Familien der Ackerbauern auf den unbewohnten Inseln angewendet. Heute gibt es »Lazybeds« noch auf den Inseln Eriskay und Scalpay, die zu den Inneren Hebriden gehören, und in Westirland.

RECHTS:
Die Bäume von Glencoe im schottischen Hochland waren einst Teil der ausgedehnten Wälder von Caledon. Für die Kelten waren diese Wälder heilig, und sie wurden verehrt.

BÄUME IN DER KELTISCHEN LANDSCHAFT

Die Druiden verehrten ihre Götter in Hainen, und bestimmte Eichen, die Taranis durch einen Blitz gezeichnet hatte, wurden besonders verehrt.

Ein einzelner heiliger Baum, der *Bile* genannt wurde, wuchs an jedem heiligen Ort, an dem ein König in sein Amt eingeführt wurde. Die französische Stadt Billom heißt nach diesem Baum, »die Ebene des heiligen Baumes.« In Irland gab es fünf heilige Bäume, in jeder Provinz einen. Heilige Bäume schützten die Gegend, wo sie wuchsen. Es war Brauch, sie mit Stoffstreifen, Bändern oder Flaggen zu schmücken. An vielen Orten Englands gibt es heute noch die Zeremonie des Baumschmückens. Bei den Feierlichkeiten zur Sommersonnenwende in Apperley in Cheshire wird ein Weißdorn mit roten Bändern behängt. In Aston-on-Clun in Shropshire zieren das ganze Jahr über bunte Wimpel, die jedes Jahr im Mai erneuert werden, den heiligen Baum.

Die heidnischen Kelten riefen ihre Göttinnen und Götter in heiligen Hainen an, die *Nemeton*, »zum Himmel geöffnete Lichtung«, genannt wurden. Nur Priesterinnen und Priester durften diese Enklaven im Wald, mächtige heilige Plätze, betreten. Sie beteten dort im Freien, ohne Tempel. Zumindest einige der heiligen Haine waren bestimmten Gottheiten geweiht. Dio Cassius berichtet, daß die Briten in Hainen zu Andraste beteten, der Göttin des Sieges. Auch Arnemetia und Nemetona, die beiden Göttinnen des Nemeton, und Belesama wurden in heiligen Hainen verehrt. Der Name der Stadt Nantes in Frankreich erinnert noch an das keltische »Nemetodunum«. In England sind Vernemeton, »der besonders heilige Hain« und Medionemeton, »das mittlere Heiligtum«, bekannt. Mit dem aufkommenden Christentum wurden einige heilige Wälder abgeholzt, andere wurden unter den Schutz keltischer Heiliger gestellt. In Wales waren die Bäume auf dem Land des Heiligen Beuno geschützt. Niemand durfte sie fällen oder beschädigen.

MERLINS EICHE

Bevor Merlins Eiche einer Straßenerweiterung weichen mußte, war sie eng mit dem Wohlergehen der Stadt verknüpft. »Wenn Merlins Baum einst fällt, dann wird auch die Stadt Carmarthen fallen.«

LINKS: Der Wald von König Artus, *ein stimmungsvolles Gemälde von Elisabeth Forbe. Die Geister legendärer keltischer Helden wie Artus oder Merlin werden häufig mit bestimmten Bäumen oder Hainen in Verbindung gebracht.*

Obgleich christliche Mönche viele den Heiden heilige Bäume fällten, wurden die Apfelgärten verschont und sogar neue gepflanzt. Das *Liber Landavensis* berichtet, daß im 6. Jahrhundert in Britannien die Mönche Teilo und Samson »einen riesigen Hain fruchttragender Bäume pflanzten, drei Meilen lang, von Dol bis Cai.« Seit dieser Zeit ist St. Teilo der Schutzpatron der Apfelbäume.

Einige Wälder waren den Kelten als ganzes heilig, unter

anderem der Wald von Brocéliande in der Bretagne und der Wald von Caledon in Schottland. Von Brocéliande bestehen noch Teilstücke, nämlich der Wald von Huelgoat, der Wald von Paimpont und Coat-an-Hay und Coat-an-Noz.

DAS LAND DER AHNEN

Angestammte heilige Plätze, die gemeinsamen Schreine der keltischen Gemeinschaft, wurden von den Familien verwaltet, denen das Land gehörte. Das keltische Gesetz schrieb vor, daß Land nicht verkauft werden durfte. Der Besitzer des Landes konnte nur durch Erbschaft wechseln. Die Familienpriester waren also auch Landeigentümer der heiligsten Orte des Landes. Als das Christentum das Heidentum verdrängte,

behielt jeder, der die neue Religion annahm, die Familienrechte über die angestammten heiligen Plätze bei. Das bedeutete, wenn sich das Oberhaupt einer Familie zum Christentum bekannte, wurden die alten heiligen Plätze für die neue Religion zugänglich. Diese Regelung schuf die Möglichkeit, auf alten heidnischen Plätzen keltische Klöster zu errichten. Selbst wenn Kirchen an neuen Plätzen gebaut wurden, standen sie

HEILIGE OBSTGÄRTEN

Apfelgärten waren heilige Haine der Kelten. In Wales und Westengland wurden im Winter Gelage mit Liedern, Brot- und Trankopfern dort abgehalten. Man feuerte mit Gewehren in die Luft, um im kommenden Jahr das Böse fernzuhalten. Apfelgärten standen unter dem Schutz des alten keltischen Gesetzes. Die britischen freien Minenarbeiter von Cornwall, Devon, und dem Wald von Dean dürfen in ihrem Gebiet nach Kohle und Mineralien schürfen und sie abbauen. Das alte keltische Gesetz war ein Vorläufer der königliche Charta der freien Minenarbeiter, nach der sie das Recht haben, überall im Land zu graben, außer auf den königlichen Straßen, in Kirchhöfen und Obstgärten. Dort zu graben ist ein Sakrileg.

immer noch auf dem angestammten Land der Vorfahren.

Das mittelalterliche Manuskript *Lives*, das vom Leben vieler keltischer Heiliger erzählt, berichtet von vielen verschiedenen magischen Handlungen, mit deren Hilfe man passende Plätze für Kirchen oder religiöse Niederlassungen suchte. Man kannte geomantische Methoden, beachtete aber auch Träume, Offenbarungen und Omen. Kapellen, Einsiedeleien, heilige Quellen und Ruheplätze lagen an denselben alten Kraftplätzen, die auch die heidnische Überlieferung kannte. Die Methoden, einen Kraftplatz zu finden, haben die christlichen Priester nicht neu erfunden, schon die Vaten und römischen Heiden haben sie benutzt. Sie stammen noch aus der heidnischen keltischen Tradition und von den etruskischen Regeln, die die *Agrimensores*, die Landvermesser der römischen Feldschule, aufgestellt hatten. Die Priester der keltischen Kirche beachteten bei der Auswahl des rechten Ortes für Klöster und Kapellen dieselben Omen und Vorzeichen wie früher die Vaten.

LINKS: *In der Legende von König Artus wird von Glastonbury Tor berichtet. Der Heilige Gral soll in den Gralsbrunnen am Fuß des Hügels geworfen worden sein.*

Die innige Verbundenheit mit dem Land, die sich in vielen Mythen und Legenden ausdrückte, bestand gleichermaßen im heidnischen wie im christlichen Brauchtum. Dieselben Tiere führten heidnischen Helden und christliche Heilige zu besonderen Plätzen, mit denselben Methoden wurde Land eingefriedet und geweiht. In der keltischen Tradition waren Zeit und Raum miteinander verbunden. Einige Legenden berichten, wie an einem Tag ein großes Stück Land gewonnen wurde. Einst bat St. Hoiernin den Landherrn von Quelen in der Bretagne um ein Stück Land für sein Kloster, und der Lord bot ihm so viel, wie er an einem Tag eindämmen konnte. So umwanderte der Heilige Hoiernin ein riesiges Stück Land, zog seinen Stab über den Boden und hinterließ so eine Grenzmarkierung. Das wurde als Grenze

genauso anerkannt wie Wall und Graben, und der Heilige erhielt das Land. Manches Land um ein Kloster mußte nur abgeschritten werden, um als rechtmäßiger Besitz anerkannt zu sein. Die Ausmaße des Klosterlands von Caswallon bestimmte der Heilige Elian mit einem Tagesritt auf seinem zahmen Hirsch.

Bergkämme und durchquerten Flüsse an den flachesten Furten. Die Pfade waren von gut sichtbaren heiligen Rastplätzen gesäumt, die von Steinaufschüttungen, einzelnen Felsen, Steinkreuzen, Wegkapellen und Dornbüschen markiert wurden. Der gläubige Wanderer konnte an jedem Rastplatz halten und ein Gebet des Danks

LINKS: *Eine Illustration zu einem Gedicht von Thomas Grey,* The Bard, *der die englische Streitmacht verfluchte, bevor er von der Klippe sprang.*

HEILIGE PFADE UND KÖNIGLICHE STRASSEN

Die keltischen Pfadfinder, die die alten Wege anlegten, besaßen eine äußerst genaue Kenntnis der Landschaft. Sie wählten leichte Steigungen, mieden

oder eine Bitte um Kraft sprechen. So konnte er seinen Weg fortsetzen, ohne körperlich oder geistig verlorenzugehen. In den Black Mountains in Wales, im Dartmoor im Westen Englands und in den Wickow Mountains in Irland

OBEN: *Lancelot und ein Kamerad ruhen sich in der Gesellschaft von Tänzern aus. Viele heilige Plätze der Kelten haben eine Verbindung zu den Legenden um Artus.*

sind einige klösterliche Wege mit den erholsamen Rastplätzen erhalten geblieben.

Die alten keltischen Wege sind ein physisches Abbild der geistigen Wege in der materiellen Welt. Manche wurden für die alltägliche Nutzung angelegt, andere waren heilige Straßen, die heilige Plätze miteinander verbanden. Diese waren insbesondere den Pilgern und Priestern vorbehalten.

Die frühen Kelten waren für ihre hervorragenden Wagen berühmt, das heißt, daß es auch Straßen gegeben haben muß. Vor den Römern gab es die Bernsteinhandelsstraßen, die von Südeuropa bis zum Baltikum reichten. Aber auch in Irland, wo die Römer nie hingekommen waren, gab es Straßen, die von äußerst geschickten Straßenbauern angelegt wurden. Die bardische Überlieferung berichtet von einigen Straßen, die direkt dem König unterstanden. Das waren die vier Königlichen Straßen Britanniens. Sie durften von Menschen »aller Nationen und von Fremden« benutzt werden. Die Straßen waren genauso heilig wie Flüsse und andere Heiligtümer, es waren Orte der Verehrung, und jedem Menschen war freie Reise gestattet. Jeder, der auf den königlichen Straßen reiste, betrat heiligen Boden und stand unter dem rechtlichen Schutz des Königs. Der heilige Status der königlichen Straßen wurde auch später von nicht-keltischen Königen durch Gesetze bestätigt.

Ein steinerner Pfeiler mit den eingeritzten Symbolen des Ogham-Baumalphabets. Die Kelten errichteten stehende Steine, um den heiligen Bereich einer Landschaft zu kennzeichnen.

Auch in Irland gab es im Mittelalter königliche Straßen. Es waren fünf, die sternförmig vom königlichen Zentrum Tara ausgingen. Sie hießen Slige Midluachra, Cualann, Dala, Asal und Mór. Slige Mór, die westliche Straße, verband das königliche Zentrum in Tara mit Uisnach, dem heiligen Zentrum Irlands. Die irischen Straßen sind häufig nach christlichen Heiligen benannt, die keltische königliche Straße der Isle of Man jedoch trägt den Namen des legendären Königs Orry.

DIE VIER RICHTUNGEN UND DER MITTELPUNKT

Es ist nicht verwunderlich, daß ein reisendes Volk, das über Land und zu See weite Strecken zurücklegte, hochentwickelte Vorstellungen von den Himmelsrichtungen hatte. Die Richtungen, die Kardinalpunkte des Kompaß, besaßen jede ihren eigenen Charakter, der sich im Wind ausdrückte, der von dort blies. Der Wind aus dem Osten war purpurn, der Wind des Südens weiß, der Wind des Westens bleich und der Nordwind war schwarz.

Die Eigenschaften der Winde gaben die allgemeinen Prinzipien vor, nach denen zum Beispiel Bauwerke ausgerichtet wurden. Die Kelten erachteten den »schwarzen Wind« des Nordens als eine schlechte Richtung. In Cornwall wurden im Mittelalter die Mirakelspiele in runden Erdanlagen, den *Plen an Gwary*, aufgeführt. Diese waren so angelegt, daß die verschiedenen Charaktere die entsprechenden Richtung besetzen konnten. Die Richtungen hatten symbolische Bedeutung, die sich in der keltischen Überlieferung wiederfinden. Böse oder heidnische Gruppen befanden sich im Norden. In der Aufführung des *Meryasek* wurden ein Dämon und der Gott Jupiter »unser Schutzpatron im Norden« genannt.

Im allgemeinen repräsentiert der Osten Fruchtbarkeit, der Süden Musik, der Westen Lernen und der Norden Krieg. Der Mittelpunkt, der keine Richtung ist, sondern ein Ort, bedeutet Königtum. Bis heute hat Irland die alte keltische Einteilung des Landes beibehalten. Die Insel ist in fünf Provinzen aufgeteilt, die die vier Windrichtungen und die Mitte darstellen. Leinster liegt im Osten Irlands, Munster im Süden, Connacht im Westen und Ulster im Norden. In der Mitte lag die alte Provinz Meath, »die Mitte«. Hier war das königliche Zentrum Tara, wo der Hochkönig von Irland hofhielt.

Eine romantische präraphaelitische Darstellung der Ritter um König Artus, die sich aufmachen, den heiligen Gral zu suchen, der heilende Kraft besitzt.

GEISTIGE WANDERUNGEN

Die alten keltischen Straßenbauer wußten, daß das bloße zu Fuß Gehen ein geistiger Akt sein konnte. Es gibt viele Anspielungen auf die spirituelle Wanderung auf dem »geraden und schmalen Weg« im Einklang mit Gottes Willen. Befolgt man einen guten Rat, kann man sich nicht verirren. »Wer guten Rat nicht annehmen will, wird auf krummen Wegen landen«, sagt ein gälisches Sprichwort. »Auf dem rechten Pfad bleiben« ist eine Metapher für die Lebensreise eines Gläubigen auf dem Weg zum Paradies.

DIE VIER WINDRICHTUNGEN

Ein altes irisches Sprichwort spiegelt die Eigenschaften der »vier Winde von Erin«:

»Der Ostwind ist trocken und läßt
das Fell der Schafe wachsen,
Der Westwind ist großzügig und treibt Fische ins Netz.
Der Südwind ist feucht und läßt die Samen aufgehen.
Der Nordwind ist rauh und macht die Menschen traurig.«

Die Versammlung von Tara wurde immer zu Samhain unter dem Schutz der Göttin Tea abgehalten. Die Herrscher und Edlen von ganz Irland kamen hier zusammen. Die Männer aus Ulster schlugen ihr Lager im Norden von Tara auf, die Bewohner von Leinster im Osten und so fort. So waren während des Festes die vier Gebiete Irlands im Mittelpunkt anwesend. Die Männer aus Leinster brachten neue Schätze mit nach Tara, die aus Munster brachten neue Musik und Spiele. Die Leute aus Connacht brachten neue Geschichten und Lehren und die aus Ulster neue Waffenkünste mit. Die Anordnung ihrer Lager spiegelte symbolisch die Geographie der ganzen Insel mit dem Hochkönig in der Mitte wider. Die große Halle von Tara, wo der Hochkönig hofhielt, besaß ebenfalls eine symbolische Anordnung. Der Monarch wurde von vier Männern bewacht, die ihn in Form eines Kreuzes umgaben. Symbolisch saß der Hochkönig im Zentrum seines Landes. Er wurde im Norden, Osten, Süden und Westen von seinen Heeren bewacht, die wiederum den Feinden entgegensahen, die aus den entsprechenden Richtungen kamen. Diese rituelle Ordnung war für Samhain sehr bedeutungsvoll, denn während dieses Festes konnte das Land von dämonischen Kräften aus der Anderswelt angegriffen werden.

KELTISCHE KLÖSTER

Im allgemeinen war das keltische Kloster eine Ansammlung kleiner Gebäude, umgeben von einer mehr oder weniger runden Anlage aus Wall und Graben. An einigen Orten Irlands ist diese Form noch erhalten, darunter Clonmacnoise und Glendalough. Die frühen keltischen Klöster hatten Aufenthaltsräume und ein Oratorium oder eine Kapelle für den Gottesdienst. Auch Steinkreuze und Altäre im Freien, die Leachta, gehörten dazu. In manchen Klöstern wurden die Gründungsväter in eigenen Grabstätten beerdigt. Die Rundtürme sind ein typisches Bauwerk der irischen Klosteranlagen. Gut erhaltene Rundtürme gibt es noch in Antrim, Ardmore, Cashel, Devenish und Glendalough. Ursprünglich dienten sie Verteidigungszwecken, aber sie waren auch Landmarken für Pilger auf den klösterlichen Wanderwegen.

HEILIGE ORTE

Die heidnischen Kelten verehrten ihre Götter in Nemetons, Lichtungen im Wald, wo heilige Bäume wuchsen. Diese Orte waren weitgehend den Druiden vorbehalten. Die Plätze der allgemeinen Gottesverehrung waren die *Temenos*. Diese Einfriedungen waren von einem Erdwall und einem Graben umgeben. Vor der Unterwerfung Galliens durch die Römer gab es keine Bauwerke in den heiligen Einfriedungen. Erst später, unter römischen Einfluß, wurden Tempel gebaut. Auch unter dem Christentum folgte die Form der Kirchhöfe den früheren heidnischen Prinzipien. Die runden Kirchhöfe, die in Wales und anderen keltischen Ländern als Ilan bekannt sind, sind ein Beispiel dafür, wie diese Prinzipien dem Wandel der Zeit standhielten. Ein Wall, eine Hecke oder ein Erdaufschüttung trennte den geweihten Boden des Klostergartens von der profanen Welt draußen. An manchen Orten entsprechen die Kirchhöfe tatsächlich noch den alten heidnischen Einfriedungen mit den stehenden Steinen.

Stehende Steine markieren heilige Plätze in der keltischen Landschaft. Die ältesten stammen

zwar aus vor-keltischer Zeit, aber die Kelten haben diesen Brauch fortgeführt und Steine zur Erinnerung und als Markierung aufgestellt. Selbst unter dem Christentum hörten die Menschen nicht auf, Steine zu verehren. Keltische Priester, allen voran der Heilige Samson, reisten durch das Land und ritzten Kreuze in die stehenden Steine. Später wurden Steine mit Kreuzen aufgestellt, erst allmählich ging man dazu über, freistehende keltische Steinkreuze zu errichten. Parallel dazu stellten die Menschen weiterhin heidnische stehende Steine auf. Noch 1699 wurde ein Mann von den Kirchenoberen in Elgin, Schottland, wegen Götzenanbetung verurteilt. Er hatte einen stehenden Stein aufgestellt und seine Mütze vor ihm gezogen.

Steine mit Kreuzen bezeichnen heilige Plätze in der Landschaft. Möglicherweise waren sie früher Megalithen, die von wandernden Mönchen mit einem Kreuz verchristlicht wurden. Sie können das Grab eines Priesters oder Häuptlings kennzeichnen, manche dienen als Rastplätze für Pilger, die auf ihrem heiligen Weg beten möchten. Andere markieren die Grenzen eines Klosterbesitzes. Mit der Zeit wurden die verchristlichten stehenden Steine von den Steinkreuzen verdrängt. Viele dieser Steintafeln aus früher Zeit waren alte Steine, die durch ein

Oben: A View of Loch Lomond Near Inversnaid *von Alfred de Breanski. Für die Kelten waren diese Felsen, Haine und Lochs heilig.*

eingehauenes Kreuz der christlichen Religion geweiht wurden. Später wurden dann neue Steine aufgestellt und mit Radkreuzen versehen. Drei oder vier Jahrhunderte darauf schließlich wurden freistehende Kreuze aus Stein hergestellt. Die hohen Kreuze mit einem Rad am oberen Ende sind ein typisches Zeichen des keltischen Christentums. Mit den Jahren wurden die Kreuze immer höher und feiner gearbeitet. Im Westen Schottlands und in Irland gipfelte dies in beeindruckend hohen Kreuzen, zum Beispiel in Ahenny, Castledermot, Clonmacnois, Moone and Monasterboice, die heute noch von vielen Tausend Menschen besucht werden.

Der Heilige Aidan gründete im Jahr 635 die Abtei Lindisfarne. Seit die Mönche 875 vor den Wikingern flohen, verfällt das Kloster.

HEILIGE QUELLEN, HEILUNG UND DER GRAL

Die keltische Heilkunst war im wesentlichen religiöser Natur und wurde an besonderen Orten wie heiligen Quellen oder Gewässern ausgeübt. Viele Göttinnen und Götter herrschten über die heiligen Quellen. Manche waren rein örtliche Gottheiten wie Coventina, Göttin der heiligen Quelle von Carrawbrough am Hadrianswall. Andere Quellgottheiten waren weiter verbreitet. In der Gegend von Mittelrhein und Mosel war Sirona die bekannteste Göttin der heilenden und heiligen Quellen. Gemeinsam mit dem Gott Grannos herrschte sie über ein großes Heiligtum der Heilkunst bei Hochscheid im Hunsrück. Sulis war die Göttin der heilenden heißen Quelle in Bath, Westengland. Ihr waren aber auch andere Quellen geweiht wie Fynnon Sul bei Kidwelly Castle im Westen von Wales und St. Sundays Well in Dublin. Gwenhudw ist die Patronin der heiligen Quelle Fynnon Gwendhudw in Westwales. Sie ist dort als »Königin des kleinen Volkes« bekannt.

Der keltische Sonnengott Grannos war eng mit den heißen Quellen verbunden. Einer seiner größten Schreine befand sich in Aquae Granni, dem heutigen Aachen. Man glaubte, daß die Sonne bei Nacht unter die Erde sinke und dort die Wasser erhitze, die dann als heiße Quelle entspringen. Also enthielt das Wasser, von der Quellgöttin beschützt, die heilende Kraft des Sonnengottes. Der Name des Gottes Borvo, Bormo, Bormanus oder Burmanus bedeutet »der Kocher«. Er war der bekannteste Gott der heißen und heilenden Quellen, ihm waren Schreine in Südfrankreich und in Ligurien in Italien geweiht. In England und Deutschland ist es heute noch Brauch, Quellen zu schmücken, das entspricht der Tradition der alten Kelten, die die heilenden Quellen verehrten.

Der Hauptschrein des britischen Heilungsgottes Nodens befand sich in einem Tempel in Lydney Park am Ufer des Flusses Severn im Westen Englands. Dort entdeckten Archäologen Bildnisse von Delphinen, Muschelschalen, Ankern und Fischern, die auf eine direkte Verbindung zwischen Nodens und dem Meer schließen lassen. Die Menschen hinterließen zum Dank für Heilungen Votivgaben an seinem Schrein. Sie stellen die geheilten Körperteile dar, ähnlich den modernen Votivbildern der Katho-

liken und Orthodoxen in anderen Teilen Europas. Der Name der gallischen Wassergöttin Nantosuelta bezieht sich auf das fließende Wasser. Ihre Darstellung mit einem Füllhorn und einer Schale verweist auf eine Geschichte aus dem Mittelalter über die kommende Verwüstung und die Wiederbelebung durch den heiligen Gral.

In dem Text *The Elucidation* wird die Heilkraft des heiligen Grals mit heiligen Quellen in Verbindung gebracht. Die Geschichte erzählt, daß heilige Quellen einst von ätherischen jungen Frauen mit goldenen Schalen bewacht wurden. Doch Amangons, ein böser König, raubte eine der Frauen und stahl ihren goldenen Kelch. Daraufhin raubten seine Männer die anderen Quellfrauen und schleppten sie fort. Das einst fruchtbare Land wurde öde, Krankheit und Hunger zogen ein. Aber noch war nicht alles verloren. Blihis Blihiris, einer der wenigen guten Ritter, fand heraus, daß der heilige Gral die Macht hatte, die Quellen und ihre Beschützerinnen zu retten. Daraus entstand die Suche der Ritter der Tafelrunde nach dem Gral, der, wenn sie ihn fänden, die heiligen Quellen, die Fruchtbarkeit des Landes und die Gesundheit seiner Bewohner wieder herstellen würde.

LINKS:
St. Nons Quelle bei St. David, Dyfed in Wales. St. Non ist die Mutter St. Davids und ihre Quelle soll heilende Kräfte besitzen.

QUELLEN SCHMÜCKEN

Das Schmücken der Quellen geht auf die alte Verehrung der Wassernymphen zurück, die alljährlich besänftigt werden mußten, damit die örtliche Wasserversorgung nicht versiegte. Es wird eine Art Bild aus natürlichen Dingen wie Steinen, Blättern, Moos, Kieseln, wilden Früchten und Blütenblättern gemacht. Heute versinnbildlicht der Quellenschmuck im allgemeinen eine biblische Geschichte. Das Schmücken findet am Tag des Heiligen, dem die örtliche Kirche geweiht ist, statt. In England ist es besonders im Peak District von Derbyshire verbreitet.

KAPITEL 9

DAS KELTISCHE ERBE

Die keltische Religion hat über die Jahrtausende eine bemerkenswerte Kontinuität bewiesen, trotz verschiedener radikaler Änderungen des offiziellen Glaubenssystems. Die größte Veränderung war der Wandel vom Heidentum zum Christentum, doch selbst dieser grundlegende Wechsel wurde sanft und mit einem Minimum an wirklicher Neuerung durchgeführt. Das Christentum brachte Gutes wie Schlechtes. Menschenopfer wurden verboten und der Sinn für Recht und Gerechtigkeit wuchs. Tribute und Abgaben wurden jetzt an die Kirche bezahlt und nicht mehr als Trophäen aufgehäuft oder in heilige Seen versenkt. Die alte gebräuchliche Gesetzgebung wurde modifiziert, die christlichen Vorstellungen wurden nur soweit zugelassen, wie sie sich mit den alten Traditionen der Familien und Clans vertrugen. Auch die angestammten heiligen Plätze änderten sich kaum. Neue Kirchen wurden dort gebaut und die Bildnisse der alten Götter wurden in die Wände eingebettet. Die Feiertage der Heiden blieben erhalten, auch wenn sie christlichen Heiligen geweiht wurden, und deren Zeremonien glichen denen der alten Götter, die sie ersetzt hatten. Frauen aber, einst im Zentrum der Religion, wurden vom Priestertum und häufig auch von heiligen Plätzen ausgeschlossen. Sklaverei und grausame Strafen wurden weder von der keltischen noch von der katholischen Kirche abgeschafft.

LINKS: *Die Legende der Heiligen Non ist nicht auf Wales beschränkt. Diese Figur der Mutter des Heiligen David steht über einer heiligen Quelle in Dirinon in der Bretagne.*

In der Bevölkerung entstand ein synkretischer »doppelter Glauben«, bei dem die offizielle christliche Liturgie der Kirche von einheimischen Bräuchen und Gewohnheiten heidnischen Ursprungs ergänzt wurde. In Wales, Schottland, Irland und der Bretagne wurden die alten Götter nicht vergessen, doch das Wesentliche ihrer

DIE MUTTERGÖTTIN

Die Mutter der Götter war unter einer Reihe von Namen bekannt, darunter Anna, Nonna, Dona und andere, die das Element »non« oder »nan« enthielten. Sie wurde mit den heiligen Quellen der Kelten assoziiert, unter dem Christentum wurde sie als St. Abne verehrt, deren Kult in der Bretagne heute noch große Bedeutung hat. Man glaubte, daß Bildnisse von ihr, die zufällig ans Tageslicht kamen, durch göttliche Gnade offenbart wurden, und sie wurden allmählich Gegenstand heiliger Anbetung.

Verehrung bestand manchmal unter dem Namen eines Heiligen weiter. Unter anderem wurde die keltische Muttergöttin Anna auch in christlicher Zeit weiter verehrt. In der Bretagne nahm der Kult um St. Anne ihre Stelle ein, in Wales war es St. Non und in Irland Brigid. Gelegentlich wurde ein altes heidnisches Bildnis wieder eingesetzt. Im Jahr 1625 arbeitete Yves Nicolazic, ein bretonischer Bauer, auf seinem Feld bei Keranna in Morbihan und legte dabei eine alte Statue der Muttergöttin frei. Der örtliche Karmeliterpriester identifizierte sie als St. Anne. Man baute eine Kapelle für sie und bald zogen jedes Jahr im Juli die Pilger nach Sainte-Anne d'Auray. In den siebziger Jahren des 19. Jahrhunderts wurde eine Basilika gebaut und heute wallfahren bis zu 100.000 Menschen zur Heiligen Anna. Es ist heute der größte Pilgerort der Bretagne.

Auf diesem mittelalterlichen Bild aus Frankreich kämpft König Artus gegen einen römischen General. Trotz seines Ansehens wird der keltische Glaube schließlich dem römischen Katholizismus einverleibt.

Auch andere örtliche Gottheiten überdauerten unter christlichem Gewand. In Llanderfel, Merionethshire in Wales, wurde zum Beispiel Darvel Gadarn verehrt. Eine Schrift aus dem 16. Jahrhundert berichtet, daß es ein heiliges Bild von diesem Wesen gab, »in das die Menschen so starken Glauben, Hoffnung und Vertrauen setzten, daß sie täglich zu ihm pilgerten, manche mit Kühen, andere mit Ochsen und Pferden.« Diese Anbetung bestand bis zur Reformation, dann wurde das Bildnis nach London gebracht und verbrannt.

Die Barden, weisen Frauen und klugen Männer behielten geistige Traditionen auch dann noch bei, als die gebildeten Städter sie schon längst vergessen hatten. Selbst das mystische Ogham-Baumalphabet, das immer nur eine Handvoll Barden kannten, geriet nie in Vergessenheit. Man schrieb Oghamzeichen auf Grabsteine, und dieser Brauch wird heute noch ausgeübt. Im 19. Jahrhundert lebte ein Ire namens Collins in Kinsale im County Cork. Er hatte immer einen Wanderstab bei sich, in den er mit weißer Farbe ein Gedicht über den Tierkreis in Oghamzeichen geschrieben hatte. Auch schrieb er seinen Namen in Oghamschrift auf sein Fuhrwerk. Die Polizei belangte ihn, weil er nicht die römische Schrift benutzte, doch er wurde freigesprochen.

DRUIDENTUM IN JÜNGSTER ZEIT

Obgleich das Druidentum von der keltischen Kirche überlagert wurde, starben die Bräuche, eingebettet in Lieder und Gedichte, nie ganz aus. Heidnische Praktiken überlebten in der einheimischen Religion auf dem Land, auch wenn

OBEN: *Eine präraphaelitische Darstellung König Arturs und seiner Tafelrunde.*

die Könige und Fürsten Christen waren. Die Taten und Lehren der alten Druiden wurden über Generationen hinweg von den Barden nacherzählt, und so blieben die heiligen Orte in Erinnerung und wurden verehrt. Das Wissen der Druiden überstand das ganze Mittelalter. Im ausgehenden 17. Jahrhundert war es sehr populär, Studien der vergangenen Zeiten zu betreiben, und so rückte das keltische Heidentum erneut in das Bewußtsein der Gebildeten. Aylett Sammes schrieb 1676 in seiner *Britannia Antiqua*, daß die Druiden an »die Unsterblichkeit der Seele glaubten und darüber hinaus an Seelenwanderung.«

Shanganagh Cromleac, ein typisch keltischer »Feenort«, anerkannte Heimstätte des »kleinen Volks«.

Den modernen druidischen Historikern zufolge, die die Erben der Überlieferungen und die Hüter der Geschichten sind, hat die keltische Spiritualität sehr alte Wurzeln, die in England von den Angelsachsen nicht zerstört wurden. Um das Jahr 800 gab es in Oxford den »Hain« oder die Loge der keltischen Metallwerkergilde, die Pheryllt, auch Cor Emrys genannt. Die druidische Geschichte berichtet, daß die Universitäten von Oxford und Cambridge an Orten einstiger spiritueller Aktivitäten der Kelten

OBEN: *Das Gemälde von Gérard Ossian beschwört die Geister am Ufer des Lorca. Ossian (Oisin) war der Sohn des Fionn mac Cumhaill.*

gegründet wurden. 1245 gründete Haymo of Haversham in Oxford eine Loge keltischer Geistigkeit wieder neu, die Mount Haemus Grove hieß. Im Jahr 1694 ließ der Altertumsforscher John Aubrey ihre Aktivitäten wieder aufleben, und 1717 führte John Toland die Loge zu neuer Kraft. Dieses Datum wird als Gründungsjahr des modernen Druidentums betrachtet, es war das Jahr, in dem auch die ehrwürdige Freimaurerei begründet wurde. Seitdem gibt es in Britannien wieder druidische Gruppen.

Im 18. Jahrhundert erwachte eine neues nationales Bewußtsein für das druidische Erbe, das sich in mehreren einflußreichen Büchern zutage trat. Reverend Henry Rowlands von Anglesy veröffentlichte im Jahr 1723 *Mona Antiqua Restaurata*. Druidisches Heidentum wurde nicht als nachteilig eingestuft, sondern als heilendes Gewahrsein der Harmonie mit der Natur. Später verwarf John Toland in seinem Buch *Christianity not Mysterious* die Lehre der Kirche, nach der das Christentum die einzig wahre Religion sei. Er erklärte, die alten Druiden hätten ebenfalls Zugang zu geistiger Wahrheit besessen. Der bardische Künstler und Dichter William Blake bezog sich auf Toland als er schrieb: »Die Altertümer jeder Nation unter dem Himmel sind nicht weniger heilig als die der Juden. Sie sind dasselbe …«

Im 18. Jahrhundert führte das wachsende Bewußtsein für druidische Tradition dazu, daß

der Schotten. Besaß ein Clan keinen deutlich unterscheidbaren Tartan, wurde ein neuer in Auftrag gegeben. Sogar die königliche Familie ließ einen neuen schöpfen, Balmoral genannt. Nach heute üblichem Brauch, darf derjenige den Clan-Tartan tragen, der den Namen des Clans trägt. Wer den besonderen Clan-Tartan nicht tragen darf, trägt Tartans, die für den allgemeinen Gebrauch bestimmt sind. Dazu gehören die Royal and Hunting Stewart Tartans, die Black Watch und Caledonia-Muster.

DER NEUE AUFSTIEG DER KELTEN

Das Gefühl, die keltische Kultur sei am Aussterben, brachte viele Kelten dazu, ihre Tradition wiederzubeleben. Bereits im ausgehenden 17. jahrhundert bildete John Keigwin von Mousehole in Cornwall eine Gruppe, die die aussterbende cornische Sprache bewahren und fördern sollte. Thomas Tonkin, ein Mitglied der Gruppe, sammelte und veröffentlichte viele cornische Volkslieder. Joseph Mah, der Vikar des Kirchspiels von Saint-Solomon erforschte und sammelte bretonische Bräuche, einschließlich Volksliedern und Tänzen. Die Arbeit dieser beiden und anderer bewahrte bedeutende Teile des keltischen Erbes.

Das irische Book of Kells *stammt mindestens aus dem 10. Jahrhundert. Die bezaubernden christlichen Darstellungen werden von wunderschönen traditionellen keltischen Motiven aus der Natur eingerahmt.*

Nach den jakobinischen Aufständen und der anschließenden Unterdrückung der einheimischen Kultur nach 1746 lag die keltische Kunst in den Highlands eine Zeitlang brach. Aber das war nicht von Dauer, denn genau in Schottland nahm der erneute Aufschwung der keltischen Kunst ihren Anfang. Der Besuch König Georges IV. in Edinburgh im Jahr 1822 gab der schottischen Romantik, die Sir Walter Scott vorantrieb, einen enormen Schub. Die Kleidung der Highländer wurde wieder geachtet, man betrachtete sie wieder als Ausdruck echten Schottentums. Es wurde wieder modern, keltischen Schmuck zu tragen, der alten Stücken nachempfunden war.

Wie auch Königin Victoria unterstützte ihr Gemahl Prinz Albert die wiederaufgelebte schottische Tradition und ließ einen neuen königlichen Tartan mit Namen Balmoral entwerfen. Unter Königin Victoria kam die christliche Kunst im Vereinten Königreich, zu dem damals ganz Irland gehörte, zu neuen Ehren. Man betrachtete die keltische Kunst als die älteste christliche Kunstform, die besonders in Wales, Schottland und Irland heimisch war. Das neue Interesse an keltischer Kunst wurde oft »The Celtic Revival« genannt, aber das ist nicht ganz richtig, denn es handelte sich nicht um die Wiederbelebung einer toten Kunst, sondern um die bewußte Bestärkung einer lebendigen Tradition.

Sammlungen keltischer Kunstwerke und archäologische Entdeckungen, die im 19. Jahrhundert veröffentlicht wurden, unterstützten die neuen keltischen Künstler in ihrer Arbeit. Künstler der Romantik wie Henry, Hornel und Hole integrierten keltische Stücke aus verschiedenen Orten und Zeiten in ihre historischen Gemälde und drückten damit den essentiellen Geist der keltischen Überlieferung aus. Gegen Ende des 19. Jahrhunderts unternahmen Altertumsforscher und Archäologen systematische Studien keltischer Kunst. Unter ihnen waren A.G. Langdon, der 1896 *Old Cornish Crosses* veröffentlichte, und J. Romilly Allen, der den Grundstein für die Erneuerung der keltischen Kunst legte. In seinen Büchern *The Early Christian Monuments of Scotland* (1903) und *Celtic Culture in Pagan and Pre-Christian Times* (1904) analysierte er als erster systematisch die keltische Kunst. George Bain, einer der einflußreichsten keltischen Künstler des 20. Jahrhunderts, folgte Allens Arbeit. Bain studierte keltische Kunst anhand piktischer Steine und keltischer Manuskripte und entwickelte Prinzipien, die auf Allens Entdeckungen beruhten. Er wollte die keltische Kunst den zeitgenössischen Künstlern, Handwerkern und Designern zugänglich machen, und er hatte Erfolg damit. In seinem Buch *Celtic Art: The Methods of Construction*, 1951 zuerst veröffentlicht, beschreibt er genau die Prinzipien, die der keltischen Kunst zugrundeliegen. Es wurde ein Standardwerk und beeinflußt keltische Künstler bis heute. Dank der mühevollen Arbeit von Romilly Allen, George Bain und des irischen

LINKS: *Diese Darstellung König Artus aus dem* Chronicle *von Peter Langtoft verrät einen klaren normannischen Einfluß. In jüngster Zeit ist das Interesse an Artus als historischer Figur gewachsen.*

Künstlers John G. Merne sind die Grundlagen der keltischen Kunst allgemein verfügbar, und heute gibt es ein breites Spektrum zeitgenössischer keltischer Kunst.

DER FORTBESTAND DER KELTISCHEN KUNST

Im hohen Mittelalter war ein christlicher Kunststil vorherrschend, der fälschlich mit »Gotik« bezeichnet wird. Im Lauf der Jahre wurden die keltischen Kreuze, einst Glanzlicht der christlichen Kunst, immer mehr vereinfacht oder durch ornamentale Hochkreuze im Stil des Mittelalters ersetzt. Auch die keltischen Manuskripte hatten keine so lebhaften und verschlungenen Illustrationen mehr wie das *Book of Kells* oder *Lindisfarne Gospels*. Unter dem benediktinischen Einfluß entwickelten die Mönche einen neuen Stil, und die keltischen Prinzipien der Darstellung und Kunst wurden verdrängt. Die künstlerische Tradition der Kelten wurde zwar nicht mehr von der Kirche und den Königshöfen gefördert, starb aber dennoch nicht aus. Weltliche Handwerker in Irland, Teilen von Wales, dem westlichen Hochland von Schottland und der heiligen Insel Iona behielten sie bei. Die Techniken und Prinzipien dieses uralten Erbes wurden seit Generationen von Vater zum Sohn und von der Mutter zur Tochter weitergegeben.

Es gibt noch Kunstgegenstände aus dem späten Mittelalter, die eindeutig als traditionelle keltische Kunst erkennbar sind. Im Trinity College in Dublin wird die lederne Mappe aus dem 15. Jahrhundert aufbewahrt, in der das antike *Book of Armagh* eingebunden war. In das Leder sind keltische Muster aus verschlungenen Bändern und Tieren eingeprägt. Im Nationalmuseum für Altertümer in Edinburgh steht ein wunderschönes Kästchen aus Elfenbein und Metall, das in Eglinton hergestellt wurde. Es ist eines der schönsten Stücke aus den westlichen Highlands des 16. Jahrhunderts. Die Kontinuität in der keltischen Kunst zeigt sich auch in einer Messingbrosche aus Tomintoul, die aus dem 17. Jahrhundert stammt; sie ist mit meisterhaften Knotenmustern verziert. Die verschlungenen Muster auf all diesen Stücken lassen erkennen, daß die Handwerker ein vollständiges Wissen und Verständnis der traditionellen keltischen Kunst hatten.

Eine mittelalterliche Darstellung eines Keilers. Die Kelten verehrten Wildschweine als Symbol für Jagd und Krieg, aber auch für Nahrung und Festlichkeiten.

KULTURELLER NATIONALISMUS

Nach der Abschaffung der katholischen Kirche als Staatsreligion in Britannien wurden die gälischen Katholiken in Irland von einer anglikanischen Herrscherklasse an den Rand gedrängt, die zum größten Teil, wenn auch nicht ausschließlich aus Großbritannien kam. Das englisch-sprechende Irland gehörte im 18. Jahrhundert zum britischen Empire, das für Fortschritt in Handel, Wissenschaft und Kunst stand, das irisch-sprechende Irland aber erschien wie ein rückständiges und dumpfes Relikt alten Barbarentums. Doch allmählich interessierten sich die gebildeten Leute Irlands, wie auch in anderen keltischen Ländern, wieder für ihre eigene Geschichte und Kultur. 1753 forderte Charles O'Connor eine Akademie für die Bewahrung der irischen Sprache. 1770 wurde diese Forderung von Sylvester O'Halloran erneut aufgegriffen.

BOOK OF KELLS

Dieses wunderschön illustrierte keltische Manuskript enthält die vier Evangelien. Es wurde in der zweiten Hälfte des 8. Jahrhunderts im Kloster von Iona angefangen. Bekannt wurde es unter dem Namen Book of Kells, weil die Mönche vor eindringenden Wikingern in die Abtei von Kells flüchteten.

Daraufhin holte man alte irische Manuskripte wieder hervor und veröffentlichte sie. Ein deutliche Umkehr fand statt, als einige Menschen bei der Auseinandersetzung mit der irischen Kultur erkannten, daß ihre eigenen Traditionen genauso wertvoll waren wie die ihrer Beherrscher.

Tatsächlich sah man die irische Kultur als ein Element, das wesentlich zur Bildung der europäischen Zivilisation beitgetragen hatte. Charles O'Connor schrieb, die irische Sprache sei »die ursprünglichste und am wenigsten vermischte Sprache von ganz Europa.« Mit wiedergewonnenem Stolz blickte man auf die irische Tradition und auf alte heidnische Modelle zur Gestaltung der Nation zurück und suchte nach einer authentischen Geschichte Irlands. O'Connor pries Ollamh Fodhla, nach der Überlieferung Gründer der Nation, der sowohl weiser Philosoph als auch guter König war. Die alten irischen Sagas feierten die Idee der Militäraristokratie, wo Ehre und Loyalität oberstes Gebot waren, und die Vorstellung eines »Lebensgeistes« des irischen Volkes wurde allgemein anerkannt. Die alte Vorstellung von Irland als heiliger Insel, frei von jeder Fremdherrschaft, entstand aus diesem neuen Verständnis der kulturellen Identität.

Aus diesem neuen kultur-politische Auftreten entstand um 1760 die irische patriotischen Bewegung, die im Jahr 1782 das Recht durchsetzte, daß das Parlament eigene Gesetzte erlassen konnte. 1791 wurde die Gesellschaft der Vereinten Iren gegründet. Symbolische Handlungen im keltischen Sinne waren immer Bestandteil des

RECHTS: *Kreisrunde Höhlungen zieren die Oberfläche eines Steins von Brahan Castle, das der Legende nach mit dem Seher von Brahan zu tun hat.*

Repertoires der irischen Nationalisten. 1798 unternahmen die Vereinten Iren einen Aufstand, bei dem sie erfolglos für eine irische Republik kämpften. Später wurde das irische Parlament aufgelöst, und Irland wurde 1801 politisch mit Britannien vereint. 1803 versuchte Robert Emmett Dublin Castle einzunehmen. Das Unternehmen schlug fehl, und er und seine Gefolgsleute wurden hingerichtet. In der Mitte des 19. Jahrhunderts jedoch, nach einer katastrophalen Hungersnot, wurde der Ruf nach einem unabhängigen Irland immer stärker und gipfelte in der Gründung bewaffneter Gruppen.

1916 gab es einen Aufstand in Dublin, der symbolträchtig an Ostersonntag stattfand. Er wurde von den Dublinern kaum unterstützt, und die Armee des Vereinten Königreiches schlug den Aufstand nieder. Aber die anschließende Hinrichtung der Überlebenden veränderte die öffentliche Meinung im katholischen Irland nachhaltig. Nach einem Guerillakrieg gegen England wurde 1922 ein Friedensvertrag ausgehandelt, bei dem der größte Teil Irlands unabhängig und der irische Freistaat gegründet wurde. Sechs Counties von Ulster blieben im Vereinten Königreich. Der Erfolg der irischen Nationalisten führte zur Gründung nationalistischer und separatistischer Bewegungen in der Bretagne, in Schottland und Wales, die nach Unabhängigkeit von Frankreich beziehungsweise Großbritannien streben.

LINKS: *Ein altes keltisches Radkreuz erhebt sich stolz in Kirchhof von Cardinham, Cornwall, England. Diese Kreuze mit den »vier Löchern« sind typisch für den cornischen Stil.*

DER OSTERAUFSTAND VON 1916

1916 wurde in Dublin ein Aufstand gegen die britische Herrschaft unternommen, den Patrick Pearce von der irisch-republikanischen Bruderschaft und James Connolly von der Sinn Fein anführten. Man wählte symbolisch den Ostersonntag, den Tag der Auferstehung für die Christen. Die Rebellion hatte jedoch wenig Unterstützung vor Ort und wurde von bewaffneten Kräften des Vereinten Königreiches niedergeschlagen.

KAPITEL 10

DER KELTISCHE GEIST IM NEUEN JAHRTAUSEND

Die Geschichte der Kelten ist lang und in jeder Hinsicht glanzvoll. Man kann sie vor allem in dem Sinne betrachten, daß die Kelten in jeder Notlage ihre Menschenwürde bewahrt haben. Immer wieder hat die keltische Nation Niederlagen erlitten, doch der zähe Geist der keltischen Kultur hat die Menschen auch durch enorme Schwierigkeiten getragen. Die traditionellen geistigen Werte, in der heidnischen wie auch in der christlichen Auslegung, haben die Menschen aufrecht gehalten. Der Widerstand der Druiden gegen die römischen Herrschaft, die Stärke und Kraft der keltischen Heiligen, die Inspiration der Barden des Mittelalters und seit dem 19. Jahrhundert die Wiederbelebung des keltischen Heidentums durch die modernen Druiden haben dazu beigetragen, das Göttliche in der materiellen Welt weiterhin anzuerkennen und zu feiern.

GEISTIGES CHAOS

Das 20. Jahrhundert war ein fast ununterbrochener technologischer Siegeszug, der dazu führte, daß viele traditionelle Lebens- und Denkweisen zerschlagen wurden. Vor allem wurde das Vertrauen in die menschlichen und göttlichen Kräfte nachhaltig erschüttert. Mit dem technischen Fortschritt entstand geistiges Chaos und Umweltzerstörung. Es ist eine Zeit des Aufruhrs, die dem Zeitalter der keltischen Heiligen gleicht, die in einer Zeit geistigen und sozialen Umbruchs ihrem Glauben treu blieben und dem Chaos ein gutes Maß an geistiger Stabilität brachten.

DIE HEUTIGE KELTEN

Die keltische Spiritualität ist zeitlos, sie ist nicht einfach das Vermächtnis vergangener Zeiten. Sie ist nie ausgestorben, denn die Essenz des keltischen Wissens wurzelt in den tiefsten ewigen Geheimnissen des Daseins. Immer mehr Menschen erkennen, daß die alten Überlieferungen der Druiden, Barden und keltischen Heiligen mehr enthalten als nur Reste unnützer Ignoranz und Aberglaubens, sondern vielmehr ein wertvolles Bewußtsein unserer Harmonie mit der Natur. Die Sprichworte und Gebete der keltischen Heiligen sind in vielen Sprachen erhältlich, ihre heiligen Plätze werden von immer mehr Pilgern besucht. Die druidische Philosophie ist eine lebendige und sich entwickelnde Tradition, die der modernen Gesellschaft wertvolle Einsichten schenken kann. Die keltische Kultur, besonders die keltische Spiritualität, eine der ältesten Traditionen Europas, hat auch im neuen Jahrtausend viel zu bieten.

Silbury Hill bei Avebury, Wiltshire, England, ist der Legende nach die Grabstätte von König Sil und seinem goldenen Pferd.

BILDNACHWEIS

Bridgeman Art Library: 36, /Bibliothèque Nationale, Paris 26, 126, /Bradford Art Galleries and Musems: 6-7, /City of Edinburgh Museums and Art Galleries 22-3, /Crawford Municipal Art Gallery, Cork 96, /Heidelberg University Library 101, /Lauros-Giraudon 128, /Musuem of Antiquities, Newcastle-upon-Tyne 17
British Library: 15, 16, 39, 49, 69, 87, 92, 94, 98, 117, 134
Cameron Collection: 30, 48, 51, 52, 59, 84, 91
Dundee Museum and Art Gallery: Title page, 61
Edinburgh Museum and Art Gallery: 70
e.t. archive: 8-9, 11 (bottom), 18–19, 21, 33, 34, 40, 41, 42, 43, 46, 47, 52 (bottom), 104, 131
Fine Art Photographic Library: 50, 60, 64, 113, 121
Fortean Picture Library: /Janet & Colin Bord 93, 95, 114–15, 124, 137, /Hamish M Brown 90, /Allen Kennedy 105, /Gerald Ponting 102–3, /Dr G. T. Meaden 110, /Terence Meaden 107, /Anthony Weir 97
Images Colour Library: 10, 11(top), 12, 26, 45, 54, 55, 56–7, 62, 66, 71, 74–5, 75, 77, 83, 100, 110–11, 112, 123, 132, 136, 138–9
Alan Lee: 8
Stuart Littlejohn: 72
Danuta Meyer: 32

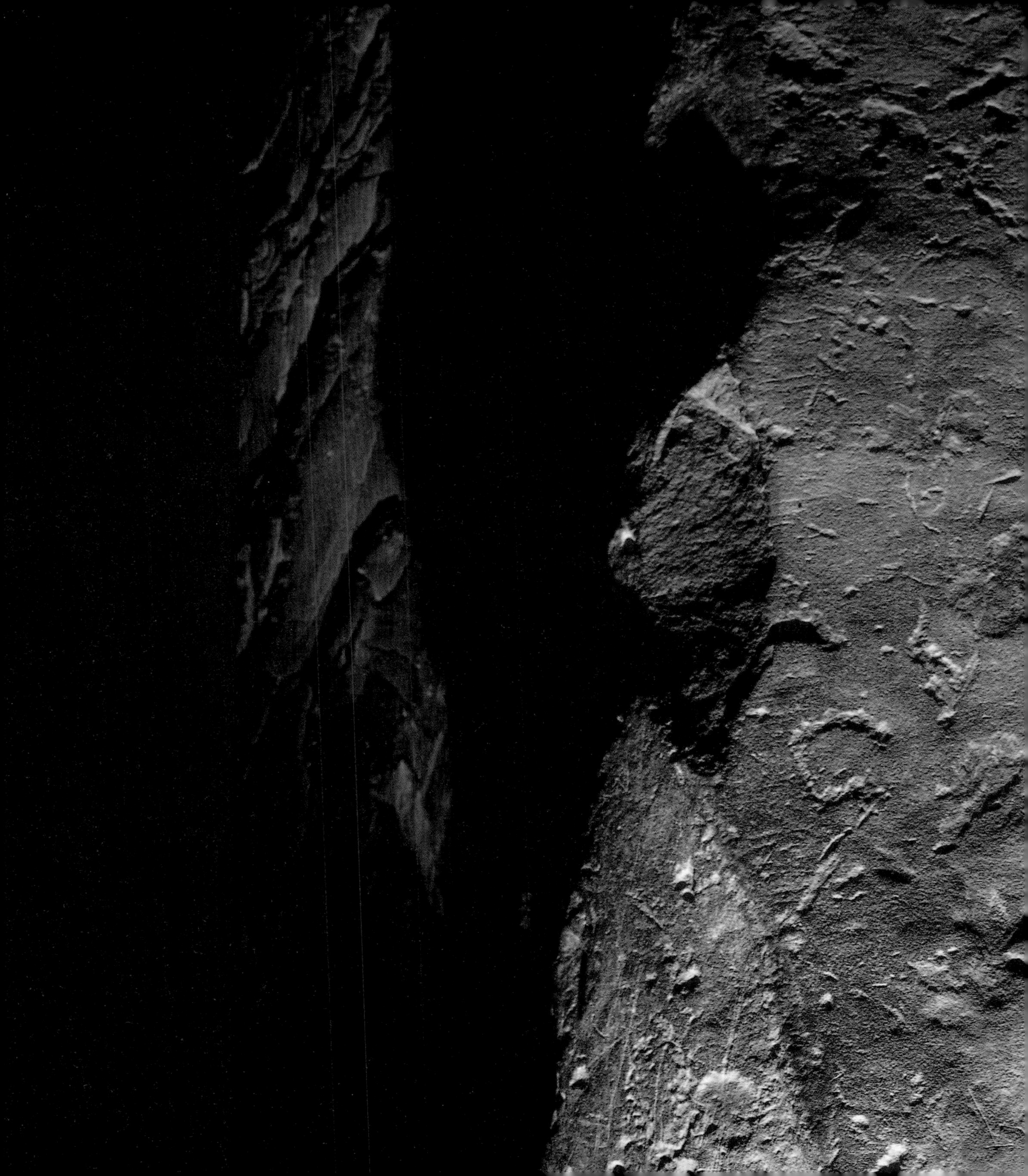